高校生の語彙力・読解力

本書の使い方

国語の基礎的な力が身につけられるよう編修しました。漢字や文法などの知識を身につけたあと，読解問題に取り組みましょう。問題のチェックボックスは反復練習などにご活用ください。

本書の構成

▶難しい問題には，ヒント を掲載しました。問題が解けない場合は，参考にしてください。
▶言語分野に，思考力・判断力・表現力が身につくようなチャレンジ問題を掲載しています。各単元に関連する内容で作問していますので，ぜひ取り組んでみてください。
▶巻末に達成度確認テストを掲載しています。最後に取り組み，本書での学習の成果を確認してみましょう。

1 漢字の書きと読み(1)

正答数　問／26問

1 次のカタカナを、漢字に直して□に書きなさい。

(1) 計画を□(ネ)る。

(2) □(キリ)が晴れる。

(3) 心が□(サワ)ぐ。

(4) □(ハバ)が広い。

(5) □(カブ)が上がる。

(6) コップの□(フチ)。

(7) 友達を□(ムカ)える。

(8) □(オク)にこもる。

(9) なべが□(ニ)える。

(10) 時を□(キザ)む。

(11) □(ウデ)をまくる。

(12) 水が□(コオ)る。

2 次の――線の漢字の読みを、（　）に書きなさい。

(1) 獣のさけび声。

(2) 絹を織る。

(3) 穏やかに笑う。

(4) 出足が鈍る。

(5) 両手を握る。

(6) 鬼の形相。

(7) 墨を使って書く。

(8) 遠くに湾が広がる。

(9) 既に知られた事実。

(10) 席を人に譲る。

(11) 隣の芝生は青い。

(12) 畳に座る。

(13) 胸を焦がす。

(14) 亡き祖父の幻を見る。

学習日　　月　　日

2 漢字の書きと読み(2)

正答数　　問／20問

1 次のカタカナを、漢字に直して□に書きなさい。

(1) □（センモン）分野の研究。

(2) 赤い色が□（ハ）える。

(3) □（ケワ）しい顔をする。

(4) □（ケイシャ）が急だ。

(5) 友人を□（ショウカイ）する。

(6) プリントを□（ス）る。

(7) 道に□（ソ）って歩く。

(8) 平和を□（キネン）する。

(9) □（カジョウ）書きにする。

(10) □（モケイ）の飛行機。

(11) □（ギネン）が晴れる。

(12) 美しい□（ヒメ）。

2 次の――線の漢字の読みを、（　）に書きなさい。

(1) 生涯の夢をかなえる。（　）

(2) 廉価な商品を提供する。（　）

(3) 漢字を変換する。（　）

(4) 書類を破棄する。（　）

(5) ひどい目に遭う。（　）

(6) 雌雄を決する。（　）

(7) 目標を掲げる。（　）

(8) サッカー部に勧誘する。（　）

チャレンジ問題！ 「抱」の読みを、（　）に書きなさい。

(1) 今年の抱負を述べる。（　）

(2) 人形を抱く。（　）

(3) 悩みを抱える。（　）

(4) 心に希望を抱く。（　）

学習日　月　日

3 漢字の書きと読み(3)

正答数　問／26問

1 次のカタカナを、漢字に直して□に書きなさい。

(1) 病気を［コクフク］する。

(2) 政策の［シュジク］。

(3) 映画を［ト］る。

(4) 水分を［セッシュ］する。

(5) ［キドウ］に乗る。

(6) データを［チュウシュツ］する。

(7) お株を［ウバ］う。

(8) りんごの［シュウカク］。

(9) 英語を［ホンヤク］する。

(10) 本物と［マギ］らわしい。

(11) 食費を［ケズ］る。

(12) 自己［ケイハツ］を図る。

2 次の――線の漢字の読みを、（　）に書きなさい。

(1) 調査に赴く。

(2) 条件に該当する。

(3) 利害関係の折衝を行う。

(4) 物陰に潜む。

(5) 権威が失墜する。

(6) 将来を嘱望される人物。

(7) 災害の脅威を除く。

(8) 暫定的な予算。

(9) 他業種と提携する。

(10) 決勝で惜敗する。

(11) さりげなく目で促す。

(12) ライバルの追随を許さない。

(13) 自らの任務を完遂する。

(14) 物事を穏便に済ます。

学習日　月　日

4 漢字の書きと読み⑷

正答数　問／20問

1 次のカタカナを、漢字に直して□に書きなさい。

(1) 主張を□（ハイセキ）する。

(2) 時間に□（コウソク）される。

(3) 友人を□（ハゲ）ます。

(4) □（コドク）を愛する。

(5) 一般的な□（ガイネン）。

(6) 感情を□（オサ）える。

(7) 政界の□（ジュウチン）。

(8) 工夫を□（コ）らす。

(9) 送別の会を□（モヨオ）す。

(10) □（ゴウカ）な装飾品。

(11) □（カカン）に挑戦する。

(12) 空気が□（ボウチョウ）する。

2 次の――線の漢字の読みを、（　）に書きなさい。

(1) 潤沢な資金を有する。

(2) 怠ることなく努力する。

(3) 物語が佳境に入る。

(4) 部下の心を掌握する。

(5) 花の香りが漂う。

(6) 財産を秘匿する。

(7) 悔恨の情にかられる。

(8) 個々の事情を勘案する。

チャレンジ問題！　□に共通して入る、〈　〉の読みを持つ漢字を書きなさい。

〈ショウ〉□進・□降・□格　→（　）

〈ヨウ〉□力・揭□・高□　→（　）

5 送り仮名(1)

正答数　　問／24問

1 次の送り仮名の違いに気をつけて、――線の漢字の読みを（　）に書きなさい。

(1) 火事から逃げる。・責任を逃れる。

(2) 優しい性格の人。・彼は理解力が優れている。

(3) 気持ちが焦る。・胸を焦がす。

2 次のうち、送り仮名が正しい方に○を付けなさい。

(1) トトノエル　調える　調る

(2) アキナウ　商なう　商う

(3) アヤウイ　危うい　危い

(4) シイル　強いる　強る

3 次の――線のカタカナを、漢字一字と送り仮名で書きなさい。

(1) 恩にムクイル。

(2) ココロヨイ返事をもらう。

(3) 机の上をチラカス。

(4) シャワーをアビル。

(5) 医師をココロザス。

(6) オサナイ子どもを守る。

(7) 大勢の人がムラガル。

(8) スコヤカな成長を願う。

(9) 挑戦をココロミル。

(10) イチジルシイ進歩を遂げる。

(11) 支払いをスマス。

(12) 目上の人をウヤマウ。

(13) ライバルをシリゾケル。

(14) 畑をタガヤス。

学習日　　月　　日

6 送り仮名(2)

正答数　問／20問

1 次の――線のカタカナを、漢字一字と送り仮名で書きなさい。

(1) カロヤカな足取り。

(2) 思わず目をソムケル。

(3) 欠員をオギナウ。

(4) つり糸をタラス。

(5) 危険をトモナウ。

(6) ワザワイから身を守る。

(7) 準備にアワタダシイ。

(8) ウタガワシイ人物。

(9) 事実にモトヅク意見。

(10) かばんをタズサエル。

(11) アヤシイ物音を聞く。

(12) ホガラカに笑う。

2 次の――線のカタカナは、同じ漢字を使います。送り仮名の違いに気をつけて、漢字で書きなさい。

(1) 妹をツレテ出かける。・美しい山がツラナル。

(2) 自分の未来をウラナウ。・若者が八割をシメル。

(3) キビシイ意見を述べる。・オゴソカな雰囲気の場所。

(4) 壊れた時計をナオス。・タダチに出動する。

チャレンジ問題！　次の文の中で、送り仮名が誤っている語句の記号を答え、漢字と送り仮名を正しく書き直しなさい。

・作業が㋐滞らないように、目標を㋑絞り、㋒賢い行動を取ろう。

送り仮名が誤っている語句…

正しい表記…

学習日　月　日

7 誤りやすい漢字(1)

正答数　問／22問

1 次の——線の漢字の読みを、形の似ている字に注意して（　）に書きなさい。

(1) 微妙な違いを調べる。・平和を象徴する建物。

(2) 軽率な言動を慎む。・意識を失い卒倒する。

(3) 鉄壁の守り。・特殊な性癖。

(4) 皆既月食の観察。・感慨にふける。

(5) 事業の要綱を見る。・網の目のような模様。

(6) 残虐な史実。・空虚な気持ちになる。

2 次の文の——線の漢字が正しければ○を書き、誤っていれば正しい漢字を書きなさい。

個々の漢字の部首と意味をヒントに考えよう。

(1) 学校に市の職員を派遺する。

(2) 新しい政作が発令される。

(3) 友人の家で行義よくふるまう。

(4) 今までの経維を明らかにする。

(5) 激しい争いを傍観する。

(6) 所属するクラブに歓誘する。

(7) 一人だけ強硬に反対する。

(8) 敵に囲まれて弧立する。

(9) 無駄な金銭を朗費する。

(10) ボランティアを公慕する。

8 誤りやすい漢字⑵

正答数　　問／14問

1 次の文中には、誤って使われている漢字が一字あります。その漢字を探し、正しい漢字に直しなさい。

⑴ 結婚式に紹待する両家の客をリストアップして、一覧で印刷して確認する。　→

⑵ 県の措置の成果はなく、以然として人口の減少傾向に歯止めがかからない。　→

⑶ 正月などの繁忙期の混雑の緩和に向け、国土交通省が新システムの動入を図る。　→

⑷ 栄養や休息をしっかりとり、体調管理に努めて、最後の試合に臨む体勢を整えた。　→

⑸ 店頭に並ぶ商品に表示された食品添化物に違反がないか、綿密な調査が行われる。　→

⑹ 製造課程の不備から、想定外の副産物が派生し、処理方法を検討している。　→

2 次の――線の漢字を、形の似ている字に注意して（　）に書き分けなさい。

⑴ 事故の要イン を探る。・コン難 に立ち向かう。

⑵ 神経がスイ弱 する。・人生の悲アイ が漂う。

⑶ クッ伸運動をする。・宝物を発クツ する。

⑷ 配グウ者の名前を書く。・実力者を優グウ する。

チャレンジ問題！　**次の文章には、誤って使われている熟語が複数あります。その熟語すべてに線を引き、正しい漢字に直しなさい。**

・最新の技術を駆使した整巧な新製品が発表された。早速、取材合戦が始まり、テレビ局が大挙して押し寄せたが、開発者と縁のあった一社のみが撮映の権利を獲特した。

9 熟字訓(1)

正答数　　問／26問

1 次のカタカナの熟字訓を、漢字に直して□に書きなさい。

(1) ケシキ□を眺める。
(2) クダモノ□を食べる。
(3) タナバタ□の飾りつけ。
(4) メガネ□をかける。
(5) シミズ□が湧く。
(6) マイゴ□になる。
(7) ココチ□よい響き。
(8) ツユ□が始まる。
(9) ナゴリ□惜しい。
(10) ユクエ□をくらます。
(11) ユカタ□を着る。
(12) ミヤゲ□を買う。

2 次の――線の熟字訓の読みを、（　）に書きなさい。

ヒント 1は「田や家（舎）があるところ」など、熟語全体の意味を考えてみるのもよい。

(1) 田舎で暮らす。（　）
(2) 砂利を敷き詰める。（　）
(3) 読経の声が聞こえる。（　）
(4) 山車が練り歩く。（　）
(5) 三味線の音色。（　）
(6) 師走は慌ただしい。（　）
(7) 煮物の灰汁を取る。（　）
(8) 野良仕事に精を出す。（　）
(9) 若人の集いに参加する。（　）
(10) 冷たい時雨が降る。（　）
(11) 為替レートが変動する。（　）
(12) 昔からある老舗。（　）
(13) 暖かくて日和がよい。（　）
(14) 試合展開に固唾をのむ。（　）

10 熟字訓(2)

正答数　問／30問

1 次の植物に関する熟字訓の読みを、（　）に書きなさい。

(1) 山茶花（　）
(2) 無花果（　）
(3) 土筆（　）
(4) 百合（　）
(5) 女郎花（　）
(6) 南瓜（　）
(7) 胡瓜（　）
(8) 小豆（　）
(9) 枇杷（　）

2 次の生き物に関する熟字訓の読みを、（　）に書きなさい。

(1) 海月（　）
(2) 海豚（　）
(3) 海老（　）
(4) 雑魚（　）
(5) 河豚（　）
(6) 秋刀魚（　）
(7) 朱鷺（　）
(8) 百舌（　）
(9) 百足（　）

3 次の自然に関する熟字訓の読みを、（　）に書きなさい。

(1) 五月雨（　）
(2) 吹雪（　）
(3) 雪崩（　）
(4) 息吹（　）
(5) 陽炎（　）
(6) 十六夜（　）

4 次の生活や文化に関する熟字訓の読みを、（　）に書きなさい。

(1) 竹刀（　）
(2) 足袋（　）
(3) 松明（　）
(4) 神楽（　）
(5) 寄席（　）
(6) 祝詞（　）

チャレンジ問題！　次の文から熟字訓を二つ抜き出し、読みを書きなさい。

・昼食後に、従兄弟と井戸で冷やした西瓜を仲良く折半した。

熟字訓　　読み（　）

熟字訓　　読み（　）

11 同音異義語(1)

正答数　　問／26問

1 次の――線のカタカナの漢字をそれぞれ選び、記号で答えなさい。

ヒント 組み合わさる漢字や部首などをヒントに、各漢字の意味を考えてみよう。

(1) 有事にケン明な判断を下す。
(2) 二つの委員会をケン務する。
(3) こづかいのケン約に努める。

ア 剣　イ 倹　ウ 賢　エ 兼　オ 憲

(4) 必要な箇所を抜スイする。
(5) 好きなアーティストに心スイする。
(6) 日本固有の文化のスイ退を防ぐ。

ア 衰　イ 吹　ウ 酔　エ 推　オ 粋

(7) 社会福シの充実に力を入れる。
(8) 報告書の要シをまとめる。
(9) 教育の専門委員会にシ問する。

ア 旨　イ 諮　ウ 刺　エ 祉　オ 資

(10) けがにより試合の途中でキ権する。
(11) 高速道路が途中で分キする。
(12) 彼のふるまいは常キを逸している。

ア 起　イ 岐　ウ 棄　エ 機　オ 軌

2 次の各組のカタカナを、漢字に直して（　）に書きなさい。

(1) 顔の輪カクを描く。・遠カク地をつなぐ。
(2) 双方のジョウ歩を求める。・ジョウ長表現を改める。
(3) ホウ人留学生が増加する。・都市の人口がホウ和する。
(4) 早起きをレイ行する。・レイ細企業を援助する。
(5) セイ鋭チームを結成する。・申セイ書を提出する。
(6) ハク真の演技を見せる。・船が港に停ハクする。
(7) 武道の神ズイを極める。・ズイ筆を読む。

12 同音異義語⑵

正答数　　問／27問

1 次の――線のカタカナの漢字をそれぞれ選び、記号で答えなさい。

(1) 好きな音楽をカンショウする。
(2) 幼い日を思い出してカンショウにひたる。
(3) 国境にカンショウ地帯を設ける。

ア 緩衝　**イ** 管掌　**ウ** 鑑賞　**エ** 感傷　**オ** 観賞

(4) ロケットがセイソウ圏を脱出する。
(5) 室内をセイソウする。
(6) 式典にセイソウで出席する。

ア 盛装　**イ** 政争　**ウ** 清掃　**エ** 正装　**オ** 成層

(7) 観光事業のシンコウを図る。
(8) 宗教のシンコウは個人の自由だ。
(9) 地域の人々とのシンコウを深める。

ア 進行　**イ** 親交　**ウ** 振興　**エ** 新興　**オ** 信仰

(10) 地域の祭りに校庭をカイホウする。
(11) 事態がカイホウに向かう。
(12) 具合の悪い人をカイホウする。

ア 快方　**イ** 解放　**ウ** 解法　**エ** 開放　**オ** 介抱

2 次の各組のカタカナを、漢字に直して（　）に書きなさい。

(1) 会社のキカン部門に勤める。・胃は消化キカンだ。
(2) タイショウ的な性格の二人。・学生タイショウの調査。
(3) 高名な先生にシジする。・現市長をシジする。
(4) 新法令がシコウされる。・上昇シコウが強い人。
(5) よい結果を得てカンキする。・注意をカンキする。

チャレンジ問題！ 次の文の――線の読みを書き、その同音異義語を二つ書きなさい。

・彼女の穏やかな人柄に好意を寄せる。

読み（　　）　同音異義語（　　）・（　　）

ヒント 角度を変えて、いろいろな同音異義語を考えてみよう。

13 同訓異字(1)

正答数　問／26問

1 次の――線のカタカナの漢字をそれぞれ選び、記号で答えなさい。

(1) ラッシュの時間をサけて通学する。
(2) 趣味の手芸に時間をサく。
(3) 肩からカメラをサげて観光する。

ア 割　**イ** 裂　**ウ** 提　**エ** 咲　**オ** 避

(4) 春野菜の天ぷらをアげる。
(5) パン食ばかりが続いてアきる。
(6) 国をアげて復興に取り組む。

ア 遭　**イ** 飽　**ウ** 揚　**エ** 挙　**オ** 空

(7) 打撃不振のウめ合わせに練習を頑張る。
(8) 武士のウち入りが行われた場所。
(9) 彼は優勝ウけ負い人と呼ばれている名監督だ。

ア 浮　**イ** 埋　**ウ** 請　**エ** 打　**オ** 討

(10) 期限内に提出するには人手がイる。
(11) 職人が鉄の鐘をイる。
(12) 放たれた矢が見事に的をイる。

ア 要　**イ** 入　**ウ** 居　**エ** 射　**オ** 鋳

2 次の各組のカタカナを、漢字に直して（　）に書きなさい。

(1) 視線を感じて顔をフせる。・人生を棒にフる。
(2) 大切な使命をオびる。・親友との別れをオしむ。
(3) 不安をカり立てる。・服のボタンをカける。
(4) 晴天が続いて空がスむ。・ガラスをスかして見る。
(5) 絵に思いをコめる。・友情は利害をコえる。
(6) 自らの行動をクやむ。・本のページをクる。
(7) 母が包丁をトぐ。・苦労して目的をトげる。

ヒント (6)「クる」は「ページをめくる」という意味。

学習日　　月　　日

14 同訓異字(2)

正答数　　問／20問

1 次の――線のカタカナの漢字をそれぞれ選び、記号で答えなさい。

(1) 日本チームにアツい声援を送る。
(2) 部屋の間はアツい壁板で仕切られている。
ア 篤　イ 熱　ウ 厚　エ 暑

(3) すばらしい成果をオサめる。
(4) 注文された品物をオサめる。
ア 納　イ 修　ウ 収　エ 治

(5) 不良グループが悪事をハカる。
(6) 国の審議会で意見をハカる。
ア 図　イ 諮　ウ 測　エ 謀

(7) 長く経営してきた店をシめる。
(8) 新たな気持ちでネクタイをシめる。
ア 締　イ 占　ウ 絞　エ 閉

(9) リーダーのモトに仲間が集結する。
(10) 調査資料をモトに説明を行う。
ア 下　イ 基　ウ 元　エ 本

2 次の各組のカタカナを、漢字に直して（　）に書きなさい。

(1) 相手チームにヤブれる。・幼い頃の夢がヤブれる。

ヒント 同様の意味を表す熟語を考えると、ヒントになる。

(2) 大臣が方針をカえる。・円をドルにカえる。

(3) 何度も念をオす。・彼を候補者にオす。

(4) 正義のため危険をオカす。・表現の自由をオカす。

(5) 営業の仕事にツく。・核心をツく意見を言う。

チャレンジ問題！　次の文の①〜③のカタカナを、漢字に直して書き分けなさい。

・父が務めてきた社長にツ①ぐ地位を、この春から自分がツ②ぐことになったと、社員にツ③げる。

①（　）②（　）③（　）

15 類義語(1)

正答数　問／24問

1 あとの□の中の漢字を一度だけ使い、類義語を作りなさい。

(1) 賛成 ― □意
(2) 未来 ― □来
(3) 格別 ― □別
(4) 指揮 ― 指□
(5) 胸中 ― 内□
(6) 冷静 ― □着
(7) 承認 ― □可
(8) 黙殺 ― 無□
(9) 露見 ― □覚
(10) 承知 ― □解
(11) 潤沢 ― 豊□
(12) 虚構 ― 架□

沈　発　富　将　図　許
空　視　了　心　同　特

2 あとの□の中の平仮名を漢字に直し、類義語を作りなさい。（同じものは一度しか使えません。）

(1) 自立 ― □立
(2) 真心 ― □意
(3) 至急 ― □急
(4) 改良 ― 改□
(5) 守備 ― 防□
(6) 集中 ― 専□
(7) 傾向 ― 風□
(8) 奥地 ― □境
(9) 大要 ― 概□
(10) 辛酸 ― 困□
(11) 魂胆 ― 意□
(12) 鼓舞 ― □励

ヒント　(10)辛酸は「つらい目」という意味。

ヒント　(12)「鼓舞」は「勢いづけること」という意味。

ぎょ　げき　せい　へん　りゃく　ぜん
と　そう　ねん　どく　ちょう　く

学習日　月　日

16 類義語⑵

正答数　問／26問

1 次の□に入る漢字を書き、類義語を作りなさい。

(1) 重要―□心
(2) 危篤―□体
(3) 陳列―展□
(4) 功績―手□
(5) 邪魔―阻□
(6) 屈服―□参
(7) 専有―独□
(8) 光栄―名□
(9) 免職―□雇
(10) 釈明―□解
(11) 欠乏―不□
(12) 負債―□金
(13) 高慢―□大
(14) 音信―消□

2 次の類義語を書きなさい。

ヒント それぞれの語の意味を考えて、似た意味の言葉を探してみよう。

(1) 使命―
(2) 見事―
(3) 簡単―
(4) 互角―
(5) 思慮―
(6) 辛抱―
(7) 倹約―
(8) 遺品―
(9) 方法―
(10) 落胆―
(11) 負担―
(12) 冷淡―

チャレンジ問題！「警」という漢字を使って熟語を一つ作りなさい。また、その熟語の類義語を書きなさい。

熟語（　）
類義語（　）

17 対義語(1)

正答数　　問／24問

1 あとの□の中の漢字を一度だけ使い、対義語を作りなさい。

(1) 質疑 － 応□
(2) 増進 － 減□
(3) 革新 － □守
(4) 踏襲 － 改□
(5) 質素 － □美
(6) 敏速 － □慢
(7) 潤沢 － 欠□
(8) 削減 － □加
(9) 優雅 － 粗□
(10) 新鮮 － 陳□
(11) 遵守 － □反
(12) 隆起 － □下

退	乏	沈	華	違	革
緩	保	腐	添	答	野

2 あとの□の中の平仮名を漢字に直し、対義語を作りなさい。（同じものは一度しか使えません。）

(1) 悪意 － □意
(2) 拡大 － □小
(3) 複雑 － □純
(4) 悲報 － □報
(5) 豊作 － □作
(6) 利益 － □失
(7) 勤勉 － □慢
(8) 促進 － □制
(9) 慎重 － 軽□
(10) 発生 － 消□
(11) 近接 － 遠□
(12) 卑下 － 自□

ヒント (8)「促進」は、「物事が早く進むようにすること」という意味。

ヒント (12)「卑下」は、「人より劣っていると謙遜すること」という意味。

ろう	かく	まん	ぜん	そつ	きょう
たん	めつ	しゅく	よく	そん	たい

学習日　月　日

18 対義語(2)

正答数　問／26問

1 次の□に入る漢字を書き、対義語を作りなさい。

(1) 寒冷－□暖
(2) 点在－□集
(3) 垂直－水□
(4) 緯度－□度
(5) 親切－□淡
(6) 進展－停□
(7) 優遇－□遇
(8) 誕生－□去
(9) 束縛－□放
(10) 創造－□倣
(11) 賞賛－□難
(12) 末尾－□頭
(13) 統一－分□
(14) 上昇－□下

ヒント (9)「束縛」は、「行動の自由を奪うこと」という意味。

2 次の対義語を書きなさい。

(1) 需要－
(2) 延長－
(3) 権利－
(4) 自然－
(5) 生産－
(6) 勝利－
(7) 偶然－
(8) 就寝－
(9) 浪費－
(10) 具体－
(11) 地獄－
(12) 概略－

ヒント (1)「需」には「必要とする」という意味がある。

ヒント (12)「概略」は、「おおよその内容」という意味。

チャレンジ問題！「安」という漢字を使って熟語を一つ作りなさい。また、その熟語の対義語を書きなさい。

熟語（　　　）　対義語（　　　）

19 四字熟語(1)

正答数　　問／24問

1 次の四字熟語の意味をあとから選び、（　）に記号で答えなさい。

(1) 美辞麗句　(2) 天衣無縫
(3) 公平無私　(4) 率先垂範

ア　無邪気な性格で飾り気がないこと。
イ　外見が整っていて美しいこと。
ウ　自ら前に立って手本を示すこと。
エ　うわべだけをきれいに飾り立てた言葉。
オ　個人的な感情や利益を絡ませないこと。

2 次の――線の四字熟語のカタカナを漢字に直し、解答欄に書きなさい。

(1) 友人の優柔不ダンな態度に腹を立てる。
(2) 科学技術は日シン月歩の発展を遂げている。
(3) 晴コウ雨読の生活に憧れる。
(4) 事実無コンのうわさ話が拡散する。
(5) 難コウ不落と言われた城がそびえる。
(6) あの人の話は首尾一カンしている。

(1)
(2)
(3)
(4)
(5)
(6)

3 あとの□の中の平仮名を漢字に直し、四字熟語を作りなさい。（同じものは一度しか使えません。）

(1) 一心□　(2) □転結
(3) 意味□　(4) 本末□
(5) 温故□　(6) 明鏡□

しすい　どうたい　ちしん
てんとう　しんちょう　きしょう

4 次の四字熟語の読みを、（　）に書きなさい。

(1) 一日千秋　(2) 順風満帆
(3) 同床異夢　(4) 雲散霧消
(5) 談論風発　ヒント　「盛んに議論をすること」という意味。
(6) 自暴自棄
(7) 千変万化
(8) 面従腹背　ヒント　「従うふりをしながら心の中で背向かうこと」。

20 四字熟語(2)

正答数　　問／14問

1 次の意味を表す四字熟語をあとから選び、記号で答えなさい。

(1) 逃れることのできない危険な状況にあること。
(2) 他人を思いのままに支配すること。
(3) 大人物は世に出るのに時間がかかるということ。
(4) やや違うところはあるが似たり寄ったりなこと。

ア 大胆不敵　イ 大同小異　ウ 絶体絶命
エ 大器晩成　オ 因果応報　カ 生殺与奪

2 次の——線の四字熟語のカタカナを漢字に直しなさい。

(1) 新しい職場でシンキ一転して仕事に打ち込む。
(2) 危機イッパツのところで難を逃れた。
(3) 先生の問いかけに対し、イク同音に答えた。
(4) タントウ直入に疑問を問いただした。
(5) 有事にはリンキ応変に対処する。
(6) キュウタイ依然としたルールを見直す。

3 次の四字熟語の意味をあとから選んで□に書き、その読み方を（　）に書きなさい。

(1) 言語道断
(2) 熟慮断行
(3) 当意即妙
(4) 我田引水

ア 考え抜いた上で思い切って行動に移すこと。
イ 自分の都合のよいように物事を行うこと。
ウ 人の意見や批評を聞き流すこと。
エ 言い表すことができないほどひどいこと。
オ 機転を利かせて適切な対応をすること。

チャレンジ問題！「疑心暗鬼」という四字熟語を正しく使い、文を作りなさい。

ヒント「暗鬼」とは暗い場所にいると思われる亡霊のこと。

21 ことわざ・慣用句・故事成語(1)

正答数　　問／20問

1 次のことわざの意味をあとから一つずつ選び、記号で答えなさい。

□ (1) 棚からぼたもち　　□ (2) 馬の耳に念仏

□ (3) 医者の不養生　　□ (4) 花より団子

ア　好きになってしまえば欠点も美点に見えること。
イ　正しいことを説きながらも、実行が伴わないこと。
ウ　意見などを聞き入れようとせず、無駄であること。
エ　風流よりも実益の方を重んじること。
オ　思いがけない幸運にめぐりあうこと。

2 次の故事成語の意味をあとから一つずつ選び、記号で答えなさい。

□ (1) 漁夫の利　　□ (2) 烏合（うごう）の衆

□ (3) 朝三暮四　　□ (4) 四面楚歌（そか）

ア　規律や統制がなく、まとまりのない集団のこと。
イ　価値のあるものとないものが入り混じっていること。
ウ　当事者が争うすきに、第三者が利益をさらうこと。
エ　目先の違いに気を取られ、結果が同じだと気づかないこと。
オ　周囲を敵に囲まれて、孤立していること。

3 次の――線の慣用句の□に入る漢字一字を、解答欄に書きなさい。

□ (1) A社の業績の伸びはすさまじく、飛ぶ□を落とす勢いだ。
□ (2) 彼女のふるまいは完璧で、□の打ち所がない。
□ (3) 突然の揺れに、□を食って家を飛び出した。
□ (4) 決勝戦の攻防を手に□を握って見守った。
□ (5) けんか直後の兄は無愛想で、取りつく□もない。
□ (6) 県知事は目から□へ抜けるような才知あふれる人物だ。
□ (7) サッカーに関する妹の知識に、心の中で□を巻いた。
□ (8) 長年の計画を実行に移すための□が熟した。

(1)	(2)	(3)	(4)

(5)	(6)	(7)	(8)

4 次の――線のことわざ・故事成語の□に入る漢字一字を、解答欄に書きなさい。

□ (1) 卒業に際し、立つ□跡を濁さずで、部室の整理をする。

ヒント (1)は、「立ち去る者はきれいに後始末をしていくべきだ」という意味。

□ (2) 卒業試験に際し、一夜漬けの勉強では焼け石に□だ。
□ (3) 蛍雪の□を積み、ついには世界的な学者へと上りつめた。
□ (4) 彼女の失敗を他山の□として、自らを正す。

(1)	(2)	(3)	(4)

学習日　　月　　日

22 ことわざ・慣用句・故事成語⑵

正答数　　問／14問

1 次のことわざ・故事成語と似た意味を表すものをあとから一つずつ選び、記号で答えなさい。

(1) 弘法にも筆の誤り
(2) 塵も積もれば山となる
(3) 二兎を追う者は一兎も得ず
(4) 李下に冠を正さず
(5) 弱り目にたたり目
(6) 月とすっぽん
(7) 捕らぬ狸の皮算用

ア 雨だれ石を穿つ　イ 泣き面に蜂
ウ 提灯に釣り鐘　エ 絵にかいた餅
オ 瓜田に履を納れず　カ 猫に小判
キ 河童の川流れ　ク 虻蜂取らず

(4)は、「誤解を招くような行動は慎むべきだ」という意味の故事成語だよ。

2 次のことわざ・故事成語と反対の意味を表すものをあとから一つずつ選び、記号で答えなさい。

(1) 瓜の蔓に茄子はならぬ
(2) 急いては事を仕損じる
(3) 虎穴に入らずんば虎子を得ず

ア 善は急げ　イ 鳶が鷹を生む
ウ 急がば回れ　エ 君子危うきに近寄らず

3 次の（　）に入る語句を入れてことわざ・故事成語を完成させ、その意味をあとから一つずつ選んで（　）に記号で答えなさい。

(1) 魚心あれば（　）（　）
(2) （　）は人のためならず（　）
(3) 五十歩（　）（　）
(4) 鶏口となるも（　）となるなかれ（　）

ア 大集団の配下よりも、小集団の長の方がよいということ。
イ 相手の出方次第でこちらの態度が決まるということ。
ウ 子どもの頃の習慣は年を取っても改めにくいということ。
エ 似たり寄ったりで、ほとんど差がないこと。
オ 善行は自分にも返ってくるので、人に親切にせよということ。

チャレンジ問題！「背水の陣」という故事成語を正しく使い、二十字以内で文を作りなさい。

23 文法(1)

正答数　問／14問

解法のポイント

● **品詞の識別**…日本語の単語には、次の十種類の品詞がある。

- 自立語
  - 活用する ― 述語になる ― 用言
    - ウ段で終わる ― 動詞
    - 「い」で終わる ― 形容詞
    - 「だ」で終わる ― 形容動詞
  - 活用しない
    - 主語になる ― 体言 ― 物事の名を表す ― 名詞
    - 修飾語になる
      - 主に用言を修飾 ― 副詞
      - 体言を修飾 ― 連体詞
    - 接続語になる ― 接続詞
    - 独立語になる ― 感動詞
- 付属語
  - 活用する ― 助動詞
  - 活用しない ― 助詞

● **副詞**…主に用言を修飾して、文の内容を詳しくする働きを持つ。状態の副詞、程度の副詞、呼応の副詞の三種類がある。

● **接続詞**…文と文をつなぐ働きを持つ。順接、逆接、並列・添加、対比・選択、説明・補足、転換の六種類がある。

1 次の文章の(1)〜(4)の品詞名を、それぞれ＿＿に書きなさい。

夜中に(1)突然、(2)大きな物音がした。部屋を(3)明るくして音のした方を見ると、壁にかけてあっ(4)たカレンダーが落ちていた。

(1)＿＿　(2)＿＿
(3)＿＿　(4)＿＿

2 次の（　）に入る呼応の副詞をあとから一つずつ選び、解答欄に記号を書きなさい。（同じものは一度しか選べません。）

(1) 約束の時刻を過ぎたが、（　）彼は来ないのか。
(2) 練習不足なので、（　）うまくできないだろう。
(3) 空から舞い降りる雪が、（　）白い妖精のようだ。
(4) （　）雨が降ったとしても、マラソン大会は決行される。
(5) 離れ離れになっても、（　）君のことは忘れないよ。

ア まるで　**イ** たとえ　**ウ** 決して
エ どうぞ　**オ** おそらく　**カ** どうして

(1)　(2)　(3)　(4)　(5)

ヒント 呼応の副詞とは、下に受ける語に決まった言い回しを要求する副詞のこと。

3 次の（　）に入る接続詞をあとから一つずつ選び、解答欄に記号を書きなさい。（同じものは一度しか選べません。）

(1) おもしろい映画だったね。（　）、このあとどうするかい。
(2) 準備は万全だった。（　）、天候が悪く、出発を断念した。
(3) ペットを飼うなら犬がいいですか。（　）、猫がいいですか。
(4) 明日は早朝から出かける。（　）、今日は早めに寝よう。
(5) 将来は海外勤務を経験したい。（　）、英語が得意だからだ。

ア しかも　**イ** しかし　**ウ** だから
エ それとも　**オ** ところで　**カ** なぜなら

(1)　(2)　(3)　(4)　(5)

24 文法(2)

正答数　問／5問

解法のポイント

●**正確な文章・わかりやすい文章の書き方**

・副詞や接続詞に加え、助詞などの品詞を正しく用いる。
・語の順序や読点の位置に注意して、あいまいな表現を避ける。
・複数の主語と述語を含む文は、それらの関係を正しく書く。

1 次の文は、助詞の使い方が誤っています。誤っているところに斜線（／）を引き、正しい助詞を（　）に書きなさい。

□ ●昨日は学校で大勢の見学者がやってきた。

2 次の文は、あいまいな表現になっています。〈　〉の指示に従って、全文を（　）に書き直しなさい。

□ (1) 白いバラとカーネーションの花束を作った。
〈読点を打って、白いのはバラだけであることを明確にする。〉

□ (2) 弟が先生と相談したことを母に伝えた。
〈語順を入れ換えて、母に伝えたのは弟であることを明確にする。〉

3 次の文は、主語と述語の関係にねじれがあります。〈　〉の指示に従って、全文を（　）に書き直しなさい。

□ (1) 母の趣味は、毎週日曜日にテニスをしています。
〈「母の趣味は」に続くように、あとの語句を直す。〉

□ (2) 私がこの作品を読んで印象に残ったことは、主人公の考え方に個性があることが印象に残りました。
〈「印象に残りました」が文末に来るように、前の語句を直す。〉

ヒント “印象に残った”という意味の語句が重複している。文末の表現を残すと、わかりやすい文になる。

チャレンジ問題！ あなたの学校の音楽室は二階にあり、職員室のちょうど真上となります。職員室の前で会ったお客さんに、三十字以内で、音楽室への行き方をわかりやすく説明しなさい。

25 敬語(1)

正答数　問 /11問

◆解法のポイント◆

●敬語には、尊敬語、謙譲語、丁寧語の三種類がある。

・**尊敬語**…話し手が、相手や第三者を直接的に高める言い方。
〈基本形〉動詞…「お〜になる」「ご（御）〜になる」とする。
助動詞「れる・られる」を付ける。
名詞…「お・ご（御）・貴」などの接頭語を付ける。

・**謙譲語**…話し手が、自分や、身内の行動をへりくだることで間接的に相手を高める言い方。
〈基本形〉動詞…「お〜する」「ご（御）〜する」とする。
名詞…「弊・愚・粗」などの接頭語を付ける。

・**丁寧語**…話し手が、相手に敬意を表して丁寧に言う言い方。
〈基本形〉「〜だ」という語句に「です・ます」を付ける。

1 次の――線の言葉が尊敬語であればア、謙譲語であればイ、丁寧語であればウの記号を、解答欄に書きなさい。

(1) 先生に母からの手紙をお渡しした。
(2) これから皆さんに、練習の成果を披露します。
(3) 地域のお年寄りが話される言葉を一言一言かみしめた。

ヒント 主語が誰かを考える。

(1)　(2)　(3)

2 次の――線の言葉を、〈　〉の敬語に直しなさい。

(1) 校長先生が教室に入る。
〈尊敬語〉
(2) 僕が荷物を持ちます。
〈謙譲語〉
(3) お客様を応接室に案内する。
〈謙譲語〉
(4) ここが、私の通う学校だ。
〈丁寧語〉

3 次の――線の言葉の敬語として正しい方をそれぞれ選び、解答欄に記号を書きなさい。

(1) お客様の人数を先生に知らせた。
ア お知らせになった　イ お知らせした
(2) 校長先生が父を待っている。
ア お待ちになって　イ お待ちして
(3) 先生に進路を決定した経緯を説明する。
ア ご説明になる　イ ご説明する
(4) 来週、企業の人事担当者が我が校を訪問する予定だ。
ア ご訪問になる　イ ご訪問する

(1)　(2)　(3)　(4)

26 敬語(2)

正答数　　問／7問

解法のポイント

●尊敬語・謙譲語の特別な言い方（よく出る十選）

基本の言い方	尊敬語	謙譲語
行く・来る	いらっしゃる・おいでになる	うかがう・参る
言う・話す	おっしゃる	申す・申し上げる
見る	ご覧になる	拝見する
食べる	召し上がる	いただく
知る	ご存知だ	存じ上げる
する	なさる	いたす
聞く		拝聴する
会う		お目にかかる
もらう		いただく
くれる	くださる	

1 次の――線の敬語が正しければ○を書き、誤っていれば正しい敬語に直して書きなさい。

(1) 展覧会で先生の作品をご覧になる。

(2) 私はその話をご存知ありません。

(3) 明後日にご自宅にうかがいます。

2 次の――線の言葉を、正しい敬語に直して書きなさい。

ヒント 主語を見極めて、尊敬語を用いるか、謙譲語を用いるかを判断する。

(1) ぜひ、あの研究者の方による講演を聞きたいです。

(2) おいしそうなりんごをくれて、ありがとうございます。

(3) 祖母が言ったことをそのまま先生にお伝えしています。

(4) いらっしゃいませ。ご注文は何にしますか。

チャレンジ問題！ 次の文を、正しい敬語を使って、三十字以内で書き直しなさい。

・皆様、拙宅に参って、夕食をいただいてください。

27 言葉の意味⑴

正答数　問／12問

解法のポイント

●文章を書く場合には言葉を正しく使用することが大前提となる。特に注意するべき点は、以下の三種類。
・よく目や耳にする言葉で、意味があやふやなもの
…例 一概、踏襲、端的、鑑みる
・意味や結びつく言葉を誤って覚えられていることが多いもの
…例 煮詰まる、愛嬌(あいきょう)を振りまく（×愛想を振りまく）
・よく目や耳にするカタカナ語で、意味があやふやなもの
…例 エビデンス、リテラシー、インフルエンサー

1 次の意味を表す言葉をあとから選び、解答欄に書きなさい。

⑴ まじめで熱心に物事に取り組むこと。
⑵ 相手がある行動をするように仕向ける。
⑶ 他のものと比べてはるかに優れていること。
⑷ 高いところから広い範囲を眺めること。

ア 鑑(かんが)みる　イ 圧巻　ウ 真摯(しんし)　エ 範疇(はんちゅう)
オ 俯瞰(ふかん)　カ 堪能(たんのう)　キ 殊勝　ク あおる

⑴　⑵　⑶　⑷

2 次の――線の言葉の意味をあとから選び、解答欄に書きなさい。

⑴ 個人差があるので、一概にそうだとは言えない。
⑵ 部下にミスを指摘され、課長としての矜持(きょうじ)が傷ついた。
⑶ 将来のためにも汎用性(はんようせい)のある資格を取得したい。
⑷ 広告により、商品のセールスポイントを端的に伝える。
⑸ やりたい仕事と安定した収入との間で葛藤(かっとう)する。

ア 一つだけではなく、さまざまな用途に利用できること。
イ 他人の気持ちや考えを推し量り、配慮すること。
ウ 細かい違いを問題にしないで、同じように扱うこと。
エ 心の中にある相反する感情の、どちらをとるか迷うこと。
オ 自分の能力を優れたものとして誇ること。
カ 手っ取り早く要点だけを捉えていること。

ヒント 言葉に意味をあてはめて考えてみるとよい。

⑴　⑵　⑶　⑷　⑸

3 次の――線の言葉の意味をあとから選び、解答欄に書きなさい。

⑴ 自身の課題を解決することを周囲にコミットする。
⑵ 多くのエビデンスに基づいた調査結果を報告する。
⑶ 商品開発に学生が参加することにより、シナジーを生み出す。

ア 根拠　イ 世話をすること　ウ 潜在的な力
エ 約束すること　オ 方法　カ 相乗作用

⑴　⑵　⑶

28 言葉の意味(2)

正答数　問／11問

1 次の言葉の意味として正しい方に○を付けなさい。

(1) 役不足
- 力量に対して役目が軽すぎること。
- 力量に対して役目が重すぎること。

(2) 破天荒
- 豪快でときに荒々しい様子。
- 誰も成し得なかったことを初めて行うこと。

(3) 煮詰まる
- 議論を十分にして結論の出る状態になる。
- 議論が行き詰まり結論の出ない状態になる。

2 次の〈　〉の意味を表す言葉として上の表現が正しければ○を書き、誤っていれば——線の言葉を正しく直して書きなさい。

(1) 汚名挽回(ばんかい)　〈成果を挙げることで、悪い評判を打ち消すこと。〉

ヒント　もともと、悪い評判があったということ。

(2) 二の舞を踏む　〈思い切ることができずに実行をためらう。〉

(3) 熱に浮かされる　〈分別を忘れて、一つのことに夢中になる。〉

(4) 心血を傾ける　〈精神や肉体の力を尽くして物事を行う。〉

3 次の（　）に入る言葉をあとから選び、解答欄に書きなさい。

(1) プロ選手が自身の引退を（　）するコメントを出した。

(2) 時間の都合で、細かい説明は（　）する。

(3) 前回の会議で（　）となっていた事項を検討する。

(4) 友人は絵が好きで、美術史にも（　）が深い。

ア 割愛　イ 齟齬(そご)　ウ 妥当　エ 懸案
オ 看過　カ 造詣　キ 乖離(かいり)　ク 示唆

各語の意味を考えながら、文にあてはめてみよう。

(1)　(2)　(3)　(4)

チャレンジ問題！ 次のそれぞれの言葉を正しく使い、二十字以内で文を作りなさい。

・おざなり

・プライオリティ

29 説明文の読解(1)　接続語・指示語・要点

正答数　問／7問

◆解法のポイント◆

接続語…働きを押さえ、文と文、言葉と言葉のつながりをつかむ。

［接続語の例］だから（順接）・しかし（逆接）・また（並列）・あるいは（対比・選択）・では（転換）など

指示語…指し示す内容を、指示語の前の部分を中心に探す。

↓指示語に代入して意味が通る部分が、指し示す内容。

要点…重要な言葉を見つけ、それを使って内容を短くまとめる。

● **次の文章を読んで、あとの問いに答えなさい。**

21世紀に入って「①役に立つ科学」ということがしきりに強調されるようになりました。通常、「役に立つ」とはイノベーション（技術革新とそれに伴う生産・経営形態の更新）に大きく寄与するという意味であり、単純に言えば、経済の活性化に役立ち、金儲けにつながる革新的技術への貢献と言えるでしょうか。企業が新規事業を起こすことに力を尽すとか、企業が売り上げを伸ばして成長するのに役立つというふうに、科学が実利的な意味で役に立たねば意味がない、とまで言う人もいます。［　　］、「我々は霞を食べて生きているのではない」とか「誇りや倫理ではお腹が膨れない」と言い、実際の経済的な価値が生み出せない科学を否定する人もいます。むろん、そのような人でも、問われれば「基礎的な研究が必要」とは言うのですが、②それはすぐに応

□ (1) ——線①「役に立つ科学」についての説明として適切なものを次から一つ選び、記号で答えなさい。

ア　経済を活性化させたり、企業が利益を得たりすることに貢献する技術を生み出せる科学。

イ　新しい野心的なテーマで行われ、研究者がノーベル賞級の栄誉を得ることのできる科学。

ウ　人間が生きるために必要な、食べるということに関する分野について研究を深めていく科学。

エ　目ぼしい成果が得られることが予想でき、研究者がムダや無意味さを感じずに行える科学。

□ (2) ［　］に入る接続語として適切なものを次から一つ選び、記号で答えなさい。

ア　だから　　イ　しかし

ウ　なぜなら　　エ　あるいは

□ (3) ——線②「それ」が指し示すものを、本文中から六字で抜き出しなさい。

(4) ——線③「そんな研究はムダで無意味であり、研究者が多くいる必要はないのでしょうか？」について、次の各問いに答えなさい。

用され利益を生むものでなければならず、「いつまでも基礎研究だといって甘えていては困る」と念を押すのです。

基礎研究とは、モノになるかどうかわからない野心的なテーマに研究者が果敢に挑戦する研究で、そこからノーベル賞級の大きな成果が得られて成功することもあるけれど、何ら目ぼしい成果が得られず不成功に終わることもあります。というより、成功するよりも不成功である（あるいはごく小さな成功でしかない）方が圧倒的に多いでしょう。実際、多くの研究者がノーベル賞を目指して研究に勤（いそ）しんでいますが、ほんの少数しか成功せず、ほとんどはたいした業績を残せずにいます。では、③そんな研究はムダで無意味であり、研究者が多くいる必要はないのでしょうか？

そんなことはありません。研究において不成功であった場合も、大きな仕事に繋（つな）がらなかった場合も、やはり意味があるのです。次の世代の研究者が同じ失敗をせずに済むからであり、次の研究が成功するためのヒントを与えることになるからです。研究とは、いわば、④まだ誰も通ったことがない荒野に道をつけて、なんとか目的地に辿（たど）りつこうとする行為のようなものです。その過程で研究者は、雑草を刈り取り、倒木を片付け、岩や石を取り除き、川があれば橋をかけ、というふうな作業を行っているのです。そのようにして、数多くの研究者がけもの道から徐々に人が通る道へと整備した結果、険しい断崖を越えて目的の豊穣（ほうじょう）の地に行き着いた最後の研究者がノーベル賞を獲得していると言えるのです。

〈池内（いけうち）了（さとる）「なぜ科学を学ぶのか」〉

□ ①「そんな研究」が指し示す内容を、「成功」「不成功」という言葉を使って、二十五字以内で書きなさい。

□ ② この問いかけに対する筆者の考えをまとめた次の文の［a］・［b］に入る言葉を、本文中からaは二字、bは三字で抜き出しなさい。

ヒント　同じ段落の、これより前の部分の内容に着目。

・次の世代の研究者が、同じ［a］を繰り返さず、研究成功の［b］を得られるようになるため、研究には意味があり、多くの研究者も必要である。

ヒント　筆者の答えとなるのは、直後の「そんなことは……なるからです。」の部分。

□ a

□ b

□ ⑸ ――線④「まだ誰も通ったことがない荒野」は、たとえを使った表現ですが、研究におけるどんなことをたとえていますか。本文中から二十一字で探し、最初と最後の五字を抜き出しなさい。

～

30 説明文の読解(2) 段落・要点・要旨

正答数　問／7問

解法のポイント

段落…段落ごとの働き（問題提起・結論など）／文章全体の段落構成　を押さえる。

要点…段落ごとに捉え、文脈・文章構成の把握につなげる。

要旨…結論を述べている段落を中心に、筆者の主張を捉える。

● **次の文章を読んで、あとの問いに答えなさい。**

[1] 文字によるコミュニケーションが行われるインターネットでは、見知らぬ人とどんどん交流できます。ネットの世界には危険な側面も大きいのですが、意思疎通①の範囲は大きく広げられる。おカネも同じで、流通していれば、見知らぬ人と交換ができる。昔、内と外があった時代は、外の人とは物々交換をしませんでした。また、身分が違う相手とも交易しなかった。古代ギリシャには奴隷がいましたが、普通の人は奴隷とは交換をしませんでした。

[2] でも、おカネさえ持っていれば奴隷でも交換できた。ギリシャの一番有名な奴隷はイソップ*。彼は物語を書いて稼いだおカネで自由になることができました。法律がしっかりしていれば、土地を取引することもできます。法律がないと、相手の腕力が強そうだから交渉をやめようと思ったり、権力のある人に土地を取られたりしてしまう。

[3] おカネやコトバ、それから法律などによって、人間は同じ人間になる。生命科学的な意味ではなく、抽象的な意味で人間はお互いに平

(1) ——線①「疎通」の意味を次から一つ選び、記号で答えなさい。

ア 関係が薄いこと。　イ 相手に伝わること。

ウ 理解が異なること。　エ 深く信じること。

(2) [1]段落の要点をまとめた次の文の a ～ c に入る言葉を、本文中からaは二字、bは三字、cは五字で抜き出しなさい。

・インターネットなどで使う a や流通した b があることで、 c ともやりとりができる。

a　　b　　c

(3) [4]段落の働きの説明として適切なものを次から一つ選び、記号で答えなさい。

ア 前の段落の内容を発展させて、新しい話題を提示している。

イ 前の段落で述べた考えの根拠となる事例を説明している。

ウ 前の段落で紹介した説に反論する意見を述べている。

エ 前の段落までに述べられた事柄を簡潔にまとめている。

ヒント 段落初めの「では」という接続語の働きに着目。

等な関係を持てるのです。おカネやコトバをつなぎ役として、人間は「世界の物理的構造」、「生物としての遺伝的本能」から、ある意味において自由な存在になることができました。そして生物学的な意味ではなく、普遍的人間の本性をつくったのです。

4 では、人間は誰でも等しくハッピーになれるのかというと、残念ながらそうではありません。おカネとコトバ、法律は人間に自由を与えますが、同時にさまざまな問題ももたらします。人間が「世界の物理的構造」「生物としての遺伝的本能」から自由であるということは、不安定な状態に置かれるということでもあるのです。

5 一万円札には、②皆がそう思っているから一万円の価値がある。ところがみんなが疑いを持ち始めたら、日本政府は大丈夫かとなる。みんなが「価値がある」と思わないと、価値は失われてしまう。コトバも同じです。多くの人がコトバの意味を疑い出すと、コトバの意味が消えていく。皆さんが日本語を大事にしないと日本語はやがて消え、英語にとって代わられる可能性があるわけです。つまり、おカネとコトバを使う社会というのは非常に不安定で、社会がグローバル化*すればするほど不安定さは増します。そういう問題が実際に今、世界中で起きているのです。

〈岩井克人（いわいかつひと）「おカネとコトバと人間社会」〉

＊イソップ＝「イソップ物語」を書いたとされる古代ギリシャの作家。
＊グローバル化＝世界規模に広がること。
＊1〜5は問題作成上加えた段落番号です。

(4) ――線②「そう思っている」とは、具体的にどう思っているということですか。「〜と思っている。」に続くように、本文の言葉を使って、十五字以内で書きなさい。

　　　　　と思っている。

(5) この文章の要旨として適切なものを次から一つ選び、記号で答えなさい。

ア 法律は人間を平等にするので使うべきだが、おカネやコトバは人間を不安定な状態にしてしまうので使うべきではない。

イ 人間は、おカネやコトバ、法律によって、昔の不平等な社会から自由になれたが、昔の社会の方が優れている面もある。

ウ おカネやコトバは、今、人々に疑いを持たれることが多くなったため、消えてしまわないように保護していく必要がある。

エ おカネやコトバ、法律は、人間を自由にするよさもあるが、社会を不安定にする面もあるため、世界で今、問題になっている。

文章の結論は、最後の段落に書かれていることが多いよ。

31 小説の読解⑴　場面・情景・心情

正答数　　問／6問

◆解法のポイント◆

場面…時間（季節）・場所を表す言葉を探す。
情景…風景などの描写→それを見ている人物との関連を考える。
心情…直接気持ちを表す言葉（うれしい・悲しいなど）
　　人物の表情・態度などの描写
｝に注目。

● **次の文章を読んで、あとの問いに答えなさい。**

（藤川和樹は、失業中で生活のあてもないまま、両親や祖父のいる愛媛の実家に戻ってきていた。ある日、祖母が亡くなって以来元気をなくしていた祖父に運転を頼まれ、和樹は車で出かけることになった。）

じいちゃんはどうして、みかん農園で働いてきたの？　他にやりたいことはあったの？　何十年もここでみかんを作り続けて、今はどんな気持ちなの？

もしそれを実際に言葉にして尋ねても、返事はないだろうという気がした。きっと、どうしてもこうしてもない、というようなことか、あるいは、運命というようなことだろうか。

「①……じいちゃんは、凄いよ」

和樹は座席の祖父を見上げた。

「これだけの畑を作って……ずっと、守ってきたんだもんな」

見渡す限り藤川家のみかん畑だった。②燦々とふりそそぐ陽を受ける

⑴ この場面の季節がわかる描写を本文中から一文で探し、最初の五字を抜き出しなさい。

⑵ ――線①「じいちゃんは、凄いよ」とありますが、和樹は祖父のどんなところが「凄い」と言っているのですか。本文の言葉を使って、二十字以内で書きなさい。

⑶ ――線②「燦々とふりそそぐ陽を受ける木々の間を、出荷のためのトロッコの線路が走っている」という情景からわかることとして適切なものを次から一つ選び、記号で答えなさい。

ア 祖父が、みかん畑を自分の理想通りに作れなかったこと。
イ 祖父が和樹のことを、ひそかに大事に思っていること。
ウ 祖父の作ってきたみかん畑が、今も豊かで続いていること。
エ 祖父とみかん畑にこれから困難が訪れるかもしれないこと。

木々の間を、出荷のためのトロッコの線路が走っている。今、濃い緑に実った果実は、やがて一斉に熟していくのだろう。

祖父の長い人生は、みかんとともにあった。祖父が続けてきたことは、評価や疑問を挟めるようなことではない。

「……守ってきただけだ」

呟(つぶや)くように祖父が言った。

「③昭和四十七年の災害は……、大変だった。谷間の木は、全部流されてしまった」

和樹の生まれる前のことだった。和樹が物心ついてからも、台風や集中豪雨のたびに、祖父や両親は畑を守るために、必死に作業をしていた。

「だが、わたしは守ってきただけだ」

祖父は祖父自身に話しかけているのかもしれない。果樹園を見下ろす祖父の横顔を、和樹はじっと見つめた。

「けど、それって凄いことなんじゃない？　じいちゃんは、何十年もここで頑張ってきたんでしょ？」

「……ああ。そうかもしれん」

祖父は④うなずくこともなく、じっと前方を見つめている。

果樹園労働の過酷さや、きめ細かさを和樹は知っている。創意工夫を織り交ぜながら何十年も同じことを続ける大変さや、尊さや、それでも天候に打ちのめされたりする理不尽さも知っている。だけど知っているだけで、本当のところは何も理解できていないのだろう。

〈中村(なかむら)航(こう)「世界中の青空をあつめて」〉

(4)　――線③「昭和四十七年の災害」とありますが、この出来事についての祖父の思いを説明した次の文の［a］・［b］に入る言葉を、本文中からaは六字、bは三字で抜き出しなさい。

・今まで育て上げたものが、突然に［a］しまうという［b］な思いをした。

a ［　　］

b ［　　］

(5)　――線④「うなずくこともなく、じっと前方を見つめている」という様子から想像できる祖父の心情として適切なものを次から一つ選び、記号で答えなさい。

ア　自分の今まで行ってきたことがすべて間違いだったと気づいて、深い後悔を感じている。

イ　自分の努力が報われてうれしいが、それを素直に表に出すことに恥ずかしさを感じている。

ウ　自分がこっそりと続けてきたことが他人に知られてしまったため、不快に感じている。

エ　自分の行ってきたことに誇りを持ってはいるが、同時に何か心残りのようなものも感じている。

ヒント　「うなずく」は相手の発言への肯定を示す動作。ここで、祖父はうなずいていないことを押さえる。

32 小説の読解(2) 主題

正答数　　問／6問

◆解法のポイント◆

主題…その作品を通して作者が伝えたい思いや考え。

↓物語のクライマックス（山場）
登場人物の気持ちの盛り上がりや変化 ｝に着目する。

● **次の文章を読んで、あとの問いに答えなさい。**

「理屈で覚えたものよりさ。意味もわけも知らないまま呑み込んだもののほうがさ、しっかりわかってるよな。どういうわけかさ」

ああ、その通りだ。

なにもかもが①突然やってくる。こちらの都合などおかまいなし。通り雨のように、わたしたちをいきなりずぶ濡れにしていく。お父さんたちがいなくなったときも、お母さんが家出したときも、わたしはそういうことを意味もわけも知らないまま呑み込んできた。決して理屈などではなかった。

夜風が吹いて、前髪を揺らしていった。

「健一君にもそういうことってあるの」

「もちろんあるよ」

「足のこと？」

それはまだ無理なんだ、と健一君は言った。

「今でも足が動くような気がする。朝起きたとき、左足でベッドから下りようとしちゃったりとか、なにか落として拾おうとしたらコケた

□ (1) ――線①「突然やってくる」という状況は、何にたとえて表現されていますか。本文中から一語で抜き出しなさい。

(2) ――線②「もうサッカーはできない」について、次の各問いに答えなさい。

□ ① 健一君が、サッカーができなくなったのはなぜですか。本文の言葉を使って、二十字以内で書きなさい。

□ ② この出来事に対して健一君が感じている思いと似た思いを感じるような出来事を、「わたし」も体験しています。その出来事がわかる一文を本文中から探し、最初の五字を抜き出しなさい。

□ (3) ――線③「言葉は切れたけど、思いが切れていなかった」とは、どのような様子を表していますか。適切なものを次から一つ選び、記号で答えなさい。

ア　言葉にはならないが、吐き出したい思いがまだある様子。

りとか。昨日も道路でコケたんだ。ほら、歩道って少し高くなってるだろ。十センチくらいだけど。交差点渡るときにちょっとズルしてさ、車が来てなかったから真ん中を横切って、それで歩道の高くなってるところに乗ろうとしたら、足が上がらないんだよ。爪先が引っかかって、頭から突っ込む感じで転んだ。まるでギャグみたいだったよ。近くにいたお姉さんに笑われて、すごく恥ずかしかった。いつまでたっても全然慣れなくて困るよ。リハビリしてれば、そのうち普通に動くようになるらしいからいいんだけどさ」

「だけど、②もうサッカーはできないんだよね」

「まあね。でも、そっちは諦めついてる。サッカーしてると、たまにあるから。怪我で引退とかって。プロ選手が同じような怪我で駄目になってるのも知ってるしね。そういうのに比べたら、僕なんてちょっと引退が早くなったくらいだよ。どうせ高校でサッカーはやめちゃうんだし」

③言葉は切れたけど、思いが切れていなかった。それがわかったので、わたしは黙っていた。やがて健一君は話の続きを口にした。

「でもさ、変なのな。僕より、周りのほうが諦めついてないんだ。母さんとか、今でもずっと気にしてるし。サッカー部の先生とか、チームメイトとかも」

そういうのが参るよなあ。健一君は繰り返した。④ほんと参るよなあ。彼の声は確かに参っていて、なのに少し笑っていた。

〈橋本 紡「地獄の詰まった箱」〉

イ　言葉では言い終えたが、まだ態度で思いを伝えている様子。
ウ　伝えたい思いが強すぎて、まくし立てている様子。
エ　話したい思いはあるが、疲れて言葉が出ない様子。

(4)　――線④「ほんと参るよなあ」と言ったとき、健一君が自分の周りの人々に抱いていた感情として適切なものを次から一つ選び、記号で答えなさい。

ア　尊敬と罪悪感　　イ　怒りと嫉妬
ウ　不信感とうっとうしさ　　エ　感謝と戸惑い

(5)　本文の主題として適切なものを次から一つ選び、記号で答えなさい。

ア　スポーツ選手が必ず通らなければならない挫折を味わった健一君を励ます周りの人々の温かさ。
イ　自分と違い、どんな困難にも立ち向かおうとしている健一君への「わたし」の憧れや好意。
ウ　自分の意志ではどうにもならない理不尽な出来事に向き合う健一君や「わたし」の複雑な感情。
エ　つらい出来事が起きたときには、共に慰め合うことができる「わたし」と健一君の強い心の絆。

ヒント　「わたし」と健一君が「意味もわけも知らないまま呑み込んだもの」について話していることに着目。

33 詩・短歌・俳句

正答数　　問／12問

◆解法のポイント◆

詩

種類…現代の言葉遣い（口語詩）／昔の言葉遣い（文語詩）
　音数や行数に決まりがある（定型詩）／ない（自由詩）

表現技法…比喩・倒置・体言止め・対句などがある。

鑑賞…作品の主題を考えつつ、情景や心情などを想像する。

1 次の詩を読んで、あとの問いに答えなさい。

鉄棒　　村野四郎

①僕は地平線に飛びつく
僅に指さきが引つかかつた
僕は世界にぶら下つた
筋肉だけが僕の頼みだ
僕は赤くなる　僕は収縮する
足が上つてゆく
おお　僕は何処へ行く
②大きく世界が一回転して
僕が上になる
③高くからの俯瞰*
ああ　両肩に柔軟な雲

*俯瞰…高い所から見渡すこと。

(1) 上の詩の種類を次から一つ選び、記号で答えなさい。

ア　文語定型詩　　イ　文語自由詩
ウ　口語定型詩　　エ　口語自由詩

(2) ――線①「僕は地平線に飛びつく」、③「高くからの俯瞰」に使われている表現技法を次から一つずつ選び、記号で答えなさい。

ヒント　歴史的仮名遣いを使っていても、口語で書かれているものもあるので注意。

ア　直喩　　イ　隠喩
ウ　倒置　　エ　体言止め

①　　③

(3) ――線②「大きく世界が一回転して」という表現の説明として適切なものを次から一つ選び、記号で答えなさい。

ア　「僕」が鉄棒の上で動けずにいる間に、世の中の流れだけが変わっていく様子を表している。
イ　「僕」の体が鉄棒の上で逆さまになったときに、気持ちも今までとは逆になった様子を表している。
ウ　「僕」が勢いよく鉄棒を回るにつれて、「僕」の見ている景色も動いていく様子を表している。
エ　「僕」が鉄棒を離れて、もっと大きな広い場所へと移動しようとしている様子を表している。

解法のポイント

短歌　**形式**…五・七・五・七・七の三十一音。
※句切れ（意味上で句点の付く部分）を押さえる。
表現技法…枕詞(まくらことば)などの短歌特有のものもある。

俳句　**形式**…五・七・五の十七音。
※切れ字（「や」「かな」「けり」など）を押さえる。
季語…原則、必ず一つ入る。旧暦に従うので、今の季節とずれるものに注意。（例 朝顔＝×夏の季語　○秋の季語）

詩と同様、情景や心情を想像しながら鑑賞する。

2　**次の短歌と俳句を読んで、あとの問いに答えなさい。**

A　清水(きよみづ)へ祇園(ぎをん)をよぎる桜月夜こよひ逢(あ)ふ人みなうつくしき　与謝野晶子(よさのあきこ)

B　月ひと夜ふた夜満ちつつ厨房(ちゅうぼう)にむりッむりッとたまねぎ芽吹く　小島(こじま)ゆかり

C　菜の花や月は東に日は西に　与謝蕪村(よさぶそん)

D　みちのくの星入り氷柱(つらら)われに呉(く)れよ　鷹羽狩行(たかはしゅぎょう)

(1)　A・Bの短歌の句切れを次から一つずつ選び、記号で答えなさい。

ア　初句切れ　　イ　二句切れ　　ウ　三句切れ
エ　四句切れ　　オ　句切れなし

A［　　］　B［　　］

(2)　Cの俳句から切れ字を抜き出しなさい。

［　　］

(3)　C・Dの俳句の季語とその季節を書きなさい。

C…季語［　　］　季節［　　］
D…季語［　　］　季節［　　］

(4)　次の鑑賞文は、A～Dのどの作品について書かれたものか。適切なものを一つ選び、記号で答えなさい。

・夕方のわずかな時間の風景を、地平線まで見えるような大きな空間として切り取って描いている。

［　　］

「月」「日」「星」などの時間を表す言葉に着目しよう。

★達成度確認テスト(1)

制限時間 50分　得点 ／100点

1 次の文章を読んで、あとの問いに答えなさい。〈4点×4＝16点〉

・美術館で一枚の美しい絵画を見て、①とても感動した。［　　］、その絵の作者について②詳しく知り③たいと思った。

(1) ——線①～③の品詞名を、それぞれ書きなさい。

①　　　②　　　③

(2) ［　　］に入る接続語を次から一つ選び、記号で答えなさい。

ア しかし　イ たとえば
ウ つまり　エ それで

2 次の——線の言葉を、〈 〉の敬語に直しなさい。〈5点×2＝10点〉

(1) 作曲家の先生がピアノを弾く。〈尊敬語〉

(2) 私の町のよさを紹介します。〈謙譲語〉

3 次の短歌を読んで、あとの問いに答えなさい。〈4点×3＝12点〉

やはらかに柳（やなぎ）あをめる
北上（きたかみ）の岸辺目に見ゆ
泣けとごとくに　石川啄木（いしかわたくぼく）

(1) この短歌の句切れを次から一つ選び、記号で答えなさい。

ア 初句切れ　イ 二句切れ　ウ 三句切れ
エ 四句切れ　オ 句切れなし

(2) この短歌に使われている表現技法を次から二つ選び、記号で答えなさい。

ア 直喩　イ 擬人法
ウ 倒置　エ 対句
オ 体言止め

4 次の俳句を読んで、あとの問いに答えなさい。〈4点×3＝12点〉

閑（しづか）さや岩にしみ入る蟬（せみ）の声　松尾芭蕉（まつおばしょう）

(1) この俳句の季語とその季節を答えなさい。

季語　　　季節

(2) この俳句から切れ字を抜き出しなさい。

5 次の文章を読んで、あとの問いに答えなさい。

1 W・W・ロストウはアメリカの経済学者で、ケネディ大統領の経済顧問として世界的に知られた人で、その『経済伸長論』は画期的な学説として高く①ヒョウカされた。その序論を読むとこの問題にはじめて関心をいだいたのは、ハーバードの学生としてであったと、書いてある。それから何十年もの②歳月が流れている。忙しかったから、まとめるのが遅れたなどということではない。いつも、心にはあった。あたためていたのである。それがようやく、卵からかえったのである。こういうように、大問題はヒナにかえるまでに、長い歳月のかかることがある。

2 ロストウにしても、この理論にだけかかわっていたのではなかろう。ほかのことを考えることもあったに違いない。③それは、怠けていたのではない。時間を与えていたのである。〝見つめるナベ〟にしていたら、案外、途中で興味を失ってしまっていたかもしれない。

3 このごろはすくなくなったが、昔は、ひとつの小さな特殊問題を専心研究するという＊篤学の人がよくいたものである。わき目もふらず、ひとつのことに打ち込む。研究者にとって④王道を歩んでいるようだが、その割には効果のあがらないことがしばしばである。

4 やはり、ナベを見つめすぎるからであろう。ナベにも煮えるのに自由な時間を与えなくてはいけない。あたため、寝させる必要がある。思考の整理法としては、寝させるほど大切なことはない。思考を生み出すのにも、寝させるのが必須である。

5 作家にとってもっともよい素材は幼少年時代の経験であると言わ

(1) ——線①のカタカナを漢字に直し、——線②の漢字の読みを平仮名で書きなさい。〈5点×2＝10点〉

① ②

(2) 1段落に挙げられた具体例と、対照的な具体例が挙げられている段落を、段落番号で答えなさい。〈5点〉

段落

(3) ——線③「それ」が指し示す内容をまとめた次の文の□に入る言葉を、本文中から十一字で抜き出しなさい。〈5点〉

・『経済伸長論』の問題とは□。

(4) ——線④「王道」の意味を次から一つ選び、記号で答えなさい。〈5点〉

ア 不正を許さない厳しい教え。　イ 最も正統な方法。
ウ 権力者への忠誠。　エ 派手で目立つ生き方。

れる。幼いころのことをもとにして書かれた、幼年物語、少年物語、そういう名はついていなくても、そういう性格の作品が、すぐれていない作家は凡庸であるとしてよい。

6 ⑤なぜ、作家の幼年、少年物語にすぐれたものが多いのか。素材が充分、寝させてあるからだろう。結晶になっているからである。余計なものは時の流れに洗われて風化してしまっている。長い間、心の中であたためられていたものには不思議な力がある。寝させていたテーマは、目をさますと、たいへんな活動をする。なにごともむやみと急いではいけない。人間には意志の力だけではどうにもならないことがある。それは時間が自然のうちに、意識を超えたところで、おちつくところへおちつかせてくれるのである。

7 努力をすれば、どんなことでも成就（じょうじゅ）するように考えるのは思い上がりである。努力しても、できないことがある。それには、時間をかけるしか手がない。幸運は寝て待つのが賢明である。ときとして、一夜漬（いちやづけ）のようにさっとでき上がることもあれば、何十年という沈潜*ののちに、はじめて、形をととのえるということもある。いずれにしても、こういう無意識の時間を使って、考えを生み出すということに、われわれはもっと関心をいだくべきである。

〈外山滋比古（とやましげひこ）「思考の整理学」〉

*篤学＝学問に熱心な様子。
*沈潜＝考えなどを深め、その世界に没頭すること。
*1〜6は問題作成上加えた段落番号です。

(5) ——線⑤「なぜ、作家の幼年、少年物語にすぐれたものが多いのか」とありますが、この理由をまとめた次の文の［　］に入る言葉を、「結晶」「風化」の言葉を使って、三十字以内で書きなさい。〈15点〉

・幼少年時代の経験という素材は、［　］。

(6) 本文の要旨として適切なものを次から一つ選び、記号で答えなさい。〈10点〉

ア 研究者や作家は、ずっと努力し続ける人よりも怠けている人の方が、あとになって成功するという傾向があるようだ。

イ 煮えるナベを見つめたり寝させたりして思考を整理すれば、人間の意識を超えた力が働いてよい考えが浮かぶものだ。

ウ 思考を生み出すには、人間の意志や努力だけではどうにもならないこともあるので、しばらく時間を置くことも必要である。

エ なにごとも、一夜漬で作り上げてしまうのではなく、長い時間あたためて寝かせてから作り上げるようにするべきである。

★達成度確認テスト(2)

制限時間50分　得点　／100点

1 次の文章を読んで、あとの問いに答えなさい。〈5点×3＝15点〉

・僕の長所は、誰とでもすぐ仲良くなれます。その長所に活かして、将来は人で接する仕事をしたいと思っています。

(1) ——線①を含む文には、主語と述語の関係に誤りがあります。正しい形になるように、——線①を書き直しなさい。

(2) ——線②の文では、誤った使い方をしている助詞が二つあります。その助詞を含む箇所を、それぞれ一文節で正しく書き直しなさい。

2 次の文の——線①〜③の敬語が正しければ○を書き、誤っていれば正しい敬語に直して書きなさい。〈5点×3＝15点〉

・私の家にお客様が参りました。前にも一度お目にかかった方です。料理をお出しすると、おいしそうにいただいていました。

①　　②　　③

3 次の短歌とその鑑賞文を読んで、鑑賞文の a ・ b に入る言葉を、aはあとから一つ選び記号で答え、bは短歌中から五字以内で抜き出しなさい。〈5点×2＝10点〉

「寒いね」と話しかければ「寒いね」と答える人のいるあたたかさ　俵(たわら)万智(まち)

〈鑑賞文〉自分に a してくれる人がそばにいるのだと実感した作者の気持ちが、 b という言葉で表現されている。

ア 反論　イ 同情　ウ 共感　エ 忠告

a　　b

4 次の俳句には、作者のどのような気持ちが詠(よ)まれているか。適切なものを次から一つ選び、記号で答えなさい。〈5点〉

とどまればあたりにふゆる蜻蛉(とんぼ)かな　中村汀女(なかむらていじょ)

ア ふと気がつくと目の前に何匹もの蜻蛉が現れた驚きと喜び。
イ 群れに飛び込んで蜻蛉に逃げられてしまった悔しさと悲しみ。
ウ 今までに見たこともない珍しい蜻蛉と出会えた感動と興奮。
エ じっくりと観察し続けた一匹の蜻蛉に抱いた興味と親しみ。

5 次の文章を読んで、あとの問いに答えなさい。

「なにか、①*玉川(たまがわ)ニュータウンっていうドラマがあるんだよ。そのドラマに自分たちも参加するっていうか、主演を演じるっていうか、いまから街をつくっていくんだぞっていう②気概みたいなものがあったんだよなあ」

親父(おやじ)はなつかしそうに言う。我が家のあるマンションでも、最初の何年かは自治会の活動が盛んで、自治会主催のクリスマス会なども開いていた。でも、築十五年を超えて、住人の三分の一が入れ替わってしまうと、なんとなく自治会も元気がなくなって、いまではゴミの管理ぐらいしか仕事をしていない。

「それってさびしくない？」

親父は、「まあな、でも、みんな③忙しいしな」と苦笑を浮かべるだけなのだ。

工事現場を何カ所か通りかかった。最初の現場は、僕が引っ越してきた頃からある幼稚園を日帰りの介護施設にリニューアルする工事だった。二つ目の現場は、一戸建ての取り壊し。まだ家の④ホネグみは残っていたが、敷地にはすでに不動産会社の電話番号を記した〈管理地〉の看板が立っていた。三つ目は、半年前につぶれたガソリンスタンドの跡地を、ディスカウントショップにする工事だった。

「なんつーかさあ……」

自転車を漕(こ)ぎながら、つぶやいた。もうちょっと景気のいい工事はないんだろうか。完成前からオープンの日をみんなで待ちわびるような［　］する工事は、最近ちっとも見かけない。

(1) ——線①「玉川ニュータウン」の様子について説明した次の文の［a］・［b］に入る言葉を、本文中からaは五字、bは三字で抜き出しなさい。〈5点×2＝10点〉

・十数年前の［a］様子が失われ、［b］を感じさせるような雰囲気になっている。

a［　］　b［　］

(2) ——線②「気概」の意味を次から一つ選び、記号で答えなさい。〈5点〉

ア　とても強い怒り。　イ　理想的な考え。
ウ　くじけない強い心。　エ　ありふれた事柄。

［　］

(3) ——線③の漢字の読みを平仮名で書き、——線④のカタカナを漢字に直しなさい。〈5点×2＝10点〉

③（　）しい　④［　］み

(4) ［　］に入る言葉として適切なものを次から一つ選び、記号で答えなさい。〈5点〉

ア　ヘラヘラ　イ　ワクワク
ウ　モジモジ　エ　ハラハラ

［　］

やっぱり「終わり」なのかな、この街は。

「バブルがあと十年つづいてたら、駅前ももっとにぎやかになってたんだけどねえ」とおふくろはときどき愚痴る。時代の巡り合わせが悪かったということなのか、運が悪かったということなのか。でも、そんなふうに言われたら、僕たちは「はずれ」の世代ということになって、それも悔しい。

*ヒコザの親父さんは会社をリストラされて、故郷の鳥取（とっとり）に帰ることに決めた。*ドカも就職したらこの街には残らないはずだし、ケガをした*香奈（かな）ちゃんも玉川ニュータウンから引っ越すと言っていたし、*ムクちゃんだって……そうだ、あいつ、大学を卒業したらアフリカに行くんだ……。

みんな、いなくなる。

僕だって、いつかはこの街を出る。

いままでは「ま、そういうのはあとから考えるってことで」と軽く脇によけておくことができたのに、一度⑤「そうなんだよなあ」と意識してしまうと、頭の真ん中にどーんと居座って、動いてくれなくなった。

上り坂にさしかかった。⑥力を込めてペダルを踏みながら、空を見上げた。このまま「終わり」ってのはヤだよなあ、と心の中でつぶやいた。

〈重松（しげまつ）清（きよし）「空より高く」〉

*玉川ニュータウン＝「僕」の住んでいる街の名称。
*ヒコザ、ドカ、ムクちゃん＝「僕」が通う廃校予定の高校の同級生。
*香奈ちゃん＝知り合いの小学生。ドカのバイクが原因で事故に遭った。

(5) ――線⑤「そうなんだよなあ」とありますが、ここで「僕」はどのような気持ちになっているのですか。「親しい人」「街」の言葉を使って、三十五字以内で書きなさい。〈15点〉

(6) ――線⑥「力を込めてペダルを踏みながら、空を見上げた」という表現の効果の説明として適切なものを次から一つ選び、記号で答えなさい。〈10点〉

ア　険しい上り坂の様子を表すとともに、「僕」がこのあと坂を上り切れずに諦めてしまうことが暗示されている。

イ　上り坂を懸命に上る様子を表すとともに、今の後ろ向きな状況を少しでも変えたい「僕」の気持ちが暗示されている。

ウ　いつもと同じ街の様子を表すとともに、これから少しずつ復活してにぎやかになっていく街の未来が暗示されている。

エ　自転車が軽やかに走る様子を表すとともに、「僕」が街を出てから活躍する人物になることが暗示されている。

★達成度確認テスト(3)

制限時間50分　得点　/100点

1 次の詩を読んで、あとの問いに答えなさい。

練習問題　　阪田寛夫

「ぼく」は主語です
「つよい」は述語です
ぼくは　つよい
ぼくは　すばらしい
そうじゃないからつらい

「ぼく」は主語です
「好き」は述語です
「だれそれ」は補語です
ぼくは　だれそれが　好き
ぼくは　だれそれを　好き
どの言い方でもかまいません
でもそのひとの名は
言えない

(1) この詩の種類を次から一つ選び、記号で答えなさい。〈5点〉

ア 文語定型詩　**イ** 文語自由詩
ウ 口語定型詩　**エ** 口語自由詩

(2) この詩に使われている表現技法を次から一つ選び、記号で答えなさい。〈5点〉

ア 隠喩　**イ** 倒置
ウ 対句　**エ** 擬人法

(3) 次の詩の鑑賞文を読んで、あとの問いに答えなさい。

・この詩を読んで、自分は a のだと自信を持てない「ぼく」が、「そのひと」への b を表に出せないまま秘めている様子が思い浮かびました。

① a に入る言葉を、詩の中の言葉を使って、十五字以内で書きなさい。〈15点〉

② b に入る言葉として適切なものを次から一つ選び、記号で答えなさい。〈8点〉

ア 強い執着　**イ** 淡い恋心
ウ 深い恩義　**エ** 厚い友情

2 次の文章を読んで、あとの問いに答えなさい。

（ピアノの調律師見習いである僕（外村〔とむら〕）は、先輩のいないところで調律を引き受けたが失敗し、落ち込んだまま店に戻ってきた。）

「調律って、どうしたらうまくできるようになるんですか」

聞いてから、ばかな質問だと思った。うまくどころか、調律の基本さえできなかった。半年間は先輩について見て覚える。そういう決まりなのに、勝手に①ヤブったのは自分だ。もう少しのところでふりかえって、亡〔な〕き妻が冥界へ戻ってしまったオルフェウスの神話を思い出した。ほんとうにもう少しだったんだろうか。近くに見えて、きっとほんとうは果てしなく遠かったのだろうと思う。

「そうですねえ」

＊板鳥〔いたどり〕さんは考え込むような顔をしてみせたが、実際に考えていたのかどうかはわからない。板鳥さんのつくる音が、ふっと②脳裏を掠〔かす〕めた。初めて聴いたピアノの音。僕はそれを求めてここへきた。あれから少しも近づいてはいない。もしかしたら、これからもずっと近づくことはできないのかもしれない。③初めて、怖いと思った。鬱蒼〔うっそう〕とした森へ足を踏み入れてしまった怖さだった。

「いったいどうしたら」

僕が言いかけると、

「もしよかったら」

板鳥さんがチューニングハンマーを差し出した。チューニングピンを締めたり④緩めたりするときに使うハンマーだ。

「これ、使ってみませんか」

(1) ――線①のカタカナを漢字に直し、――線④の漢字の読みを平仮名で書きなさい。〈4点×2＝8点〉

① ＿＿った　④ ＿＿めたり

(2) ――線②「脳裏を掠めた」とありますが、「脳裏を掠める」の意味を次から一つ選び、記号で答えなさい。〈8点〉

ア 頭に浮かんですぐに消える。　イ 心に強く残る。

ウ 途切れ途切れに思い出す。　エ 深いところで響く。

(3) ――線③「初めて、怖いと思った」とありますが、「僕」はなぜ怖いと思ったのですか。次の文の a ・ b に入る言葉を、本文中からaは五字、bは九字で抜き出しなさい。〈8点×2＝16点〉

・ a も守れない自分の未熟さを自覚し、一人前の調律師への道が、自分にはたどり着けるかわからないほど b ということを実感したから。

a

b

差し出されたまま柄を握った。持ってみると、ずしりと重いのに手にひたっとなじんだ。

「⑤お祝いです」

お祝いという言葉の意味を計りかねて、怪訝（けげん）そうな顔をしていたのだろう。

「ハンマーは要りませんか」

聞かれて、思わず、要ります、と答えていた。森は深い。それでも引き返すつもりはないのだとはっきり気づいた。

「すごく使いやすそうです」

「すごく使いやすそうなだけでなく、実はすごく使いやすいのです。よかったらどうぞ。私からのお祝いです」

板鳥さんは穏やかに言った。

「何のお祝いですか」

こんな日に。記憶にある限り、僕の人生でいちばんだめだった日に。

「なんとなく、外村くんの顔を見ていたらね。きっとここから始まるんですよ。お祝いしてもいいでしょう」

「ありがとうございます」

お礼の語尾が震えた。板鳥さんは僕を励まそうとしてくれているのだ。森の入口に立った僕に、そこから歩いてくれればいいと言ってくれているのだ。

〈宮下奈都（みやしたなつ）「羊と鋼の森」〉

＊板鳥さん＝同じ店で働く「僕」の憧れの調律師。

---

(4) ——線⑤「お祝いです」とありますが、板鳥さんは「僕」に向けてどうしたいという思いから「お祝い」と言っていると思われますか。「〜という思い。」に続くように、「失敗」の言葉を使って、三十字以内で書きなさい。〈20点〉

という思い。

(5) 本文の主題として適切なものを次から一つ選び、記号で答えなさい。〈15点〉

ア 能力の限界を感じ、調律師の夢を諦めそうになっている「僕」の弱さと、「僕」の才能を信じ続ける板鳥さんの強さ。

イ たとえ間違っていても自分のやり方を曲げない「僕」の頑固さと、それをたしなめようとする板鳥さんの誠実さ。

ウ 将来、自分がどうすればいいかわからない「僕」の心細さと、不思議な雰囲気でそれを和らげる板鳥さんという人物の魅力。

エ 不安を感じながらも、自分の求めるものを目指そうとする「僕」の決意と、それをさりげなく見守る板鳥さんの優しさ。

完全攻略 高校生の語彙力・読解力ワーク 解答・解説

1 漢字の書きと読み(1)

本冊2ページ

解答

1 (1)練 (2)霧 (3)騒 (4)幅 (5)株 (6)縁 (7)迎 (8)奥 (9)煮 (10)刻 (11)腕 (12)凍

2 (1)けもの (2)きぬ (3)おだ (4)にぶ (5)にぎ (6)おに (7)すみ (8)わん (9)すで (10)ゆず (11)となり (12)たたみ (13)こ (14)まぼろし

解説

1 (1)「練る」は質をよくするために手を加えるという意味を持つ。(2)「霧」のあめかんむりの下の部分は「務」。ここから、音読みも「ム」となる。(4)「福」「副」など、同じ部分を持つ漢字との書き分けに注意する。(5)「株」の右側を「失」や「矢」などとしないように注意する。(6)「縁」を形の似ている「緑」としないように注意する。(7)「迎」の「卬」の部分を「卯」としない。(8)「奥」の部首は「大」で、下の部分も「大」と書く。(11)「腕」の部首は「にくづき」(月)。(12)「凍」の部首は「にすい」(冫)。さんずい(氵)としないように注意する。

2 (1)「獣」は野生の動物の意味。音読みは「ジュウ」。(2)「絹」は「絹織物」「絹糸」など、「きぬ」と読む場合が多い。音読みは「ケン」。(4)「鈍る」は勢いや鋭さが失われるという意味。(5)二字熟語には、「握手」「握力」などがある。(7)「墨」は書道で使う「すみ」のこと。「炭」との違いに注意する。(8)「湾」は海が内陸に入り込んだところ。(9)「既」は物事が済んでしまったことを表す。(13)ここでの「焦がす」は、心を悩ますという意味。「身を焦がす」という言い方もある。(14)「幻」は実在しないのにあるかのように見えるもの。右側が「𠃌」となることに注意する。

2 漢字の書きと読み(2)

本冊3ページ

解答

1 (1)専門 (2)映(栄) (3)険 (4)傾斜 (5)紹介 (6)刷 (7)沿 (8)祈念 (9)箇条 (10)模型 (11)疑念 (12)姫

2 (1)しょうがい (2)れんか (3)へんかん (4)はき (5)あ (6)しゆう (7)かか (8)かんゆう

■**チャレンジ問題!**

(1)ほう (2)だ (3)かか (4)いだ

解説

1 (1)「門」を「問」としないように注意する。(2)「映える」は光などに照らされてひときわよく見えるという意味。(3)「険しい」は怒りや緊張などでとげとげしい表情である様子。(5)「紹」を「招」などとしないように注意する。(6)ここでの「スる」とは、印刷する意味であることから使う漢字を考える。(7)「沿」を「添」などとしないように注意する。(8)「祈念」は願いがかなうように祈ること。「記念」などとしないように注意する。(10)「型」を「形」などとしないように注意する。(11)「疑念」は疑わしく思う気持ちのこと。(12)「姫」の右側は「臣」。

2 (1)「生涯」はこの世に生きている間のこと。(2)「廉価」は値段が安いこと。(5)「遭う」は偶然出くわすという意味。好ましくないことに使う場合が多い。(6)「雌雄」はめすとおすのことで、転じて優れていることと劣っていることという意味を表す。「雌雄を決する」で決着をつけるという意味。

■**チャレンジ問題!**

「抱」には、音読みと訓読みを合わせて四種類の読み方がある。訓読みの場合は、送り仮名や組み合わさっている言葉で読み方を判断する。

3 漢字の書きと読み⑶

本冊4ページ

解答

1 (1)克服 (2)主軸 (3)撮 (4)摂取 (5)軌道 (6)抽出 (7)奪 (8)収穫 (9)翻訳 (10)紛 (11)削 (12)啓発

2 (1)おもむ (2)がいとう (3)せっしょう (4)ひそ (5)しっつい (6)しょくぼう (7)きょうい (8)ざんてい (9)ていけい (10)せきはい (11)うなが (12)ついずい (13)かんすい (14)おんびん

解説

1 (1)「克服」は努力して困難なことに打ち勝つこと。(2)「主軸」は中心となる物事。(3)「トル」には同訓異字が多くあるが、映画についてなので「撮る」と書く。(4)「摂取」を「接取」などとしないように注意する。(5)「軌道」は物体が運動するときの一定の道筋のこと。(6)「抽出」の「抽」は抜き出すという意味を持つ。(8)「シュウカク」するのは果物なので「収穫」。動物などの獲物を捕る場合には、「収獲」と書く。(9)「翻訳」を「翻約」などとしないように注意する。(10)「紛らわしい」の左側は糸へん。(12)「啓発」は人々の気がつかないようなことを教え導くこと。

2 (1)「赴く」はある場所に向かうこと。(3)「折衝」は物事を有利に運ぶように相手と駆け引きすること。(5)「失墜」は名誉などを失うこと。「墜」には落ちる、落とすなどの意味がある。(6)「嘱望」は人の将来に期待をかけること。「嘱」を「ゾク」などと読まないように注意する。(8)「暫定」は仮に定めておくこと。(9)「提携」の「携」を「スイ」などと読まないように注意する。(10)「惜敗」はわずかの差で負けること。(12)「追随」はあとから追いつこうとすること。(13)「完遂」の「遂」を「ツイ」などと読まないように注意する。(14)「穏便」は物事を穏やかに行うこと。「穏」を「イン」、「便」を「ベン」と読まないように注意する。

4 漢字の書きと読み⑷

本冊5ページ

解答

1 (1)排斥 (2)拘束 (3)励 (4)孤独 (5)概念 (6)抑 (7)重鎮 (8)凝 (9)催 (10)豪華 (11)果敢 (12)膨張

2 (1)じゅんたく (2)おこた (3)かきょう (4)しょうあく (5)ただよ (6)ひとく (7)かいこん (8)かんあん

■**チャレンジ問題！**

〈ショウ〉…昇

〈ヨウ〉…揚

解説

1 (1)「排斥」の「斥」を「斤」としないように注意する。(2)「拘束」は行動などの自由を制限すること。(4)「孤独」の「孤」を「弧」としないように注意する。(5)「概念」の「概」を「慨」としないように注意する。(6)「抑」の右側を「卯」などとしないように注意する。(7)「重鎮」はある分野で中心となる人物。(8)「凝」の左側は「冫」(にすい)。(10)「豪華」の「華」を「化」などとしないように注意する。(11)「果敢」は思い切って物事を行う様子。(12)「膨張」の「張」を「帳」などとしないように注意する。

2 (1)「潤沢」は物が豊富にある様子。(2)「怠」には他に、「ナマーける」という訓読みがあり、読み方は送り仮名の違いで見分ける。(3)「佳境」は興味深い場面。(4)「掌握」は自分の思い通りにすること。(6)「秘匿」は他人に見せずに隠しておくこと。(7)読み方に迷ったときは、「毎」「艮」が使われている他の字（「毎」が使われている字…「海」など／「艮」が使われている字…「根」など）を考えるとヒントになる。(8)「勘案」はいろいろな物事を考え合わせること。

■**チャレンジ問題！**

「昇」は上にのぼるという意味で、「昇進」・「昇降」・「昇格」となる。「揚」は勢いよく高く上げるという意味で、「揚力」・「掲揚」・「高揚」となる。

5 送り仮名(1)

本冊6ページ

解答

1 (1)に・のが　(2)やさ・すぐ　(3)あせ・こ

2 (正しい方を記載) (1)調える　(2)商う　(3)危うい　(4)強いる

3 (1)報いる　(2)快い　(3)散らかす　(4)浴びる　(5)志す　(6)幼い　(7)群がる　(8)健やか　(9)試みる　(10)著しい　(11)済ます　(12)敬う　(13)退ける　(14)耕す

解説

1 訓読みが複数ある漢字の読み方は、送り仮名の違いで判断する。

2 (1)「トトノエル」は「調う」が変化した動詞であることから考える。送り仮名は「調わない・調います・調う・調えば・調え」のように、活用語尾を送ることが原則となる。(3)「アヤウイ」は「危ない」と区別するため「危うい」と送る。(4)「シイル」は上一段活用の動詞のため、「シ」が語幹で「イル」が活用語尾となる。したがって、活用語尾を送る原則により「強いる」と送る。

3 (1)「ムクイル」は上一段活用であることから「報いる」と送る。(2)「ココロヨイ」は形容詞であり、「青い」などと同様に考える。(3)「チラカス」は「散る」が変化した動詞であることから「散らかす」と送る。(5)「ココロザス」は五段活用なので、語幹は「ココロザ」となる。(7)「ムラガル」は送り仮名の例外で、「群(むら)」をひとまとまりの語と考えて「群がる」と送る。(8)「スコヤカ」のように「～ヤカ」が付く形容動詞は、「ヤカ」から送る。(10)「イチジルシイ」のように「～シイ」が付く形容詞は、「シイ」から送る。(11)「スマス」は「済む」が変化した動詞。(13)「シリゾケル」は「退く」が変化した動詞。

6 送り仮名(2)

本冊7ページ

解答

1 (1)軽やか　(2)背ける　(3)補う　(4)垂らす　(5)伴う　(6)災い　(7)慌ただしい　(8)疑わしい　(9)基づく　(10)携える　(11)怪しい　(12)朗らか

2 (1)連れて・連なる　(2)占う・占める　(3)厳しい・厳か　(4)直す・直ち

■**チャレンジ問題！**

・送り仮名が誤っている語句…ア

・正しい表記…滞らない

解説

1 (1)「～ヤカ」が付く形容動詞なので「軽やか」と送る。(2)「背く」が変化した動詞なので「背ける」と送る。(3)五段活用により語幹が「オギナ」で活用語尾が「ウ」となるため、「補う」と送る。(4)「垂れる」に合わせて「垂らす」と送る。(6)名詞は通常送り仮名を付けないが、「災い」は例外として、最後の音節を送ると決められている。(7)動詞「慌てる」が形容詞化したものなので、「慌ただしい」と送る。(9)名詞「基」から変化した語なので、「基づく」と送る。(10)下一段活用なので語幹が「タズサ」、活用語尾が「エル」となる。(11)「～シイ」が付く形容詞なので、「怪しい」と送る。(12)「～ラカ」が付く形容動詞は「ラカ」から送る。

2 (1)「ツラナル」は「連る」としないように注意する。(2)「ウラナウ」は五段活用、「シメル」は下一段活用なので、「占う」「占める」となる。(3)「キビシイ」は「～シイ」が付く形容詞なので、「厳しい」と送る。「オゴソカ」のように「～カ」が付く形容動詞は、「厳か」と送る。

■**チャレンジ問題！**

送り仮名を誤りやすい語句について、「滞おる」(正しくは「滞る」)、「賢こい」(正しくは「賢い」)などとしないように注意する。

7 誤りやすい漢字⑴

本冊8ページ

解答

1 ⑴びみょう・しょうちょう　⑵けいそつ・そっとう
⑶てっぺき・せいへき　⑷かいき・かんがい
⑸ようこう・あみ　⑹ざんぎゃく・くうきょ

2 ⑴派遣　⑵政策　⑶行儀　⑷経緯　⑸〇　⑹勧誘
⑺〇　⑻孤立　⑼浪費　⑽公募

解説 **1** ⑴「微」と「徴」の違いに注意する。「象徴」は抽象的な思想などを具体的な形で示すこと。⑵「率」と「卒」の違いに注意する。⑶「壁」と「癖」の違いに注意する。「壁」の部首は「土」（つち）であり、「癖」の部首は「疒」（やまいだれ）。「性癖」は生まれつきの性質やくせのこと。⑷「既」と「慨」の違いに注意する。⑸「綱」と「網」の違いに注意する。「綱」の右側は「岡」であり、「網」の右側は「罔」。「要綱」は物事の基本となる事柄。⑹「虐」と「虚」の違いに注意する。「空虚」は中に何も入っていない様子。

2 ⑴「遣」は残ったものという意味。つかわすという意味の「遣」と形が似ているので注意する。⑵「策」は計画という意味。音の同じ「作」と使い分ける。⑶「儀」は作法という意味。「亻」（にんべん）がついていることに注意する。⑷地球の「経度」を表す「経」と「緯度」を表す「緯」の組み合わせで「経緯」となり、物事のいきさつという意味を表す。⑸「傍観」は手を出さずに眺めていること。⑹「勧誘」は勧めて誘うという意味なので、「勧」を用いる。使う漢字を迷ったときには、「勧める」というように、訓読みで確認することも有効である。⑺「強硬」は「キョウコウ」と読む。⑻「弧」の部首は「弓」（ゆみへん）であり、弓なりに曲がった線を表す。⑼「浪」はほしいままにという意味。⑽「慕」はしたうという意味。広く求めるという意味の「募」と形が似ているので注意する。

8 誤りやすい漢字⑵

本冊9ページ

解答

1 ⑴紹→招　⑵以→依　⑶動→導　⑷体→態　⑸化→加
⑹課→過

2 ⑴因・困　⑵衰・哀　⑶屈・掘　⑷偶・遇

■**チャレンジ問題！**

（文章に出てくる順に）整巧→精巧・撮映→撮影・獲特→獲得

解説 **1** ⑴「紹」は取り持つという意味で、「紹介」などの熟語がある。⑵「以」は時間などの起点を表す言葉。前の通りである様子を表す文意から、「依然」が適切。⑶文意から、外部から導き入れることの意味を表す「導入」が適切。⑷「体勢」は体の構えという意味で、「態勢」は物事などに対する構えという意味。文意から「態勢」が適切。⑸「テンカブツ」は後から加える別の物という意味なので、「添加物」とするのが適切。誤りやすい漢字は、語意を確認しながら定着させる。⑹「課程」は学校などにおける学習の範囲という意味で、「過程」は物事が変化して進行していく道筋という意味。文意から「過程」が適切。

2 ⑴「因」は理由、「困」はこまるという意味。⑵「衰」はおとろえる、「哀」はかなしむという意味。⑶「屈」はかがむ、「掘」はほり出すという意味。⑷「偶」は対になる、「遇」はもてなす、あるいはめぐりあうという意味。

■**チャレンジ問題！**

誤って使われている個数がわからないため、漢字を一字ずつ注意深く検討することが大切。「精巧」「撮影」「獲得」のいずれも、意味の近い漢字を誤って書きやすい熟語なので、注意する。

9 熟字訓(1)

本冊10ページ

解答

1 (1)景色 (2)果物 (3)七夕 (4)眼鏡 (5)清水 (6)迷子
(7)心地 (8)梅雨 (9)名残 (10)行方 (11)浴衣 (12)土産

2 (1)いなか (2)じゃり (3)どきょう（どっきょう） (4)だし
(5)しゃみせん (6)しわす (7)あく (8)のら (9)わこうど
(10)しぐれ (11)かわせ (12)しにせ (13)ひより (14)かたず

解説 1 熟字訓とは、漢字二字以上の熟語全体に、日本語の訓をあてて読むこと。通常の熟語のように、漢字を一字ずつ区切った読みにはならないことに注意する。1は小学校で習う漢字を用いた熟字訓なので、読めるようにしておくことに加え、書けるようにしておくことが大切。

2 (3)「読経」は声を上げてお経を読むこと。(4)「山車」は神社の祭礼のときに人々が引いて練り歩く屋台のことで、人形や花などを飾りつけたもの。(6)「師走」は旧暦の十二月の呼称。この時期には家々で師（僧）を迎えて仏事を行うため、師が忙しく走り回ることから「師走」となったなど、いくつかの説がある。(7)「灰汁」は肉などを煮たときに表面に浮かんでくる白く濁ったもの。(10)「時雨」は晩秋から初冬にかけて通り雨のように降る、ぱらりとした雨のこと。(11)「為替」は離れた地域にいる人たちの貸し借りを、現金の輸送をすることなく、金融機関を介して行う仕組みのこと。(14)「固唾をのむ」は物事の成り行きを緊張して見守るという意味。

10 熟字訓(2)

本冊11ページ

解答

1 (1)さざんか (2)いちじく (3)つくし (4)ゆり
(5)おみなえし (6)かぼちゃ (7)きゅうり (8)あずき
(9)びわ

2 (1)くらげ (2)いるか (3)えび (4)ざこ (5)ふぐ
(6)さんま (7)とき (8)もず (9)むかで

3 (1)さみだれ (2)ふぶき (3)なだれ (4)いぶき (5)かげろう
(6)いざよい

4 (1)しない (2)たび (3)たいまつ (4)かぐら (5)よせ
(6)のりと

■**チャレンジ問題！**
（文章に出てくる順に）熟字訓…従兄弟　読み…いとこ
熟字訓…西瓜　読み…すいか

解説 1 (5)「女郎花」は夏の終わりから秋にかけて、黄色い小花をつける背の高い草のこと。秋の七草の一つに数えられる。

2 (1)～(3)はどれも「海」という漢字が付くことをヒントに考える。(2)「海豚」が「いるか」であるのに対して、(5)「河豚」は「ふぐ」と読む。また、(8)「百舌」が鳥の「もず」であるのに対して、(9)「百足」は虫の「むかで」と読む。

3 (1)「五月雨」は旧暦の五月頃に降る長雨のこと。(6)「十六夜」は十六夜（十五夜の次の日）の月のこと。

4 (4)「神楽」は神前に捧げる舞いのこと。(5)「寄席」は落語や漫才などを上演する演芸場のこと。(6)「祝詞」は神に祈る言葉のこと。

■**チャレンジ問題！**
漢字ごとに区切って読めない熟語に見当をつけて、読み方を考える。ここでは、二つと個数がわかっていることもヒントになる。

11 同音異義語(1)

本冊12ページ

解答

1 (1)ウ (2)エ (3)イ (4)オ (5)ウ (6)ア (7)エ (8)ア (9)イ (10)ウ (11)イ (12)オ

2 (1)郭・隔 (2)譲・冗 (3)邦・飽 (4)励・零 (5)精・請 (6)迫・泊 (7)髄・随

解説

1 同音異義語とは、意味は違うが、同じ音を持つ言葉のこと。それぞれ、文意や熟語となっている他の漢字との組み合わせをヒントに考える。(1)「賢明」は物事の判断が適切であること。(3)「倹」はつつましいという意味。つるぎという意味の「剣」としないように注意する。(4)「抜粋」は優れた部分や必要な部分を抜き出すこと。(5)「心酔」はある物事に夢中になること。(8)「要旨」は述べられている内容のあらましを短くまとめたもの。また、述べられている内容の主要な点のまとめ。(9)「諮問」は有識者などに課題についての意見を求めること。(10)「棄」にはすてるという意味がある。(11)「岐」は分かれ道、分かれ目という意味。(12)「常軌」は通常の方法。「常軌を逸する」で、常識から外れた行動を取るという意味。

2 (1)「郭」はかこい、「隔」はへだてるという意味。(2)「譲」はゆずる、「冗」は無駄という意味。「冗長」は文章などの無駄が多くて長い様子。(3)「邦」は日本の、「飽」はいっぱいになる、満たされるという意味。(4)「励」ははげむ、「零」は小さいという意味。「励行」は決めたことを実行すること。(5)「精」はよりすぐったもの、「請」は願うという意味。(6)「迫」はせまる、「泊」は船などがとまるという意味。(7)「髄」は物事の中心となる大事なところ、「随」は思いのままにという意味。

12 同音異義語(2)

本冊13ページ

解答

1 (1)ウ (2)エ (3)ア (4)オ (5)ウ (6)エ (7)ウ (8)オ (9)イ (10)エ (11)ア (12)オ

2 (1)基幹・器官 (2)対照・対象 (3)師事・支持 (4)施行・志向 (5)歓喜・喚起

■**チャレンジ問題！**

読み…こうい

同音異義語…例行為・厚意・皇位 など

解説

1 (1)「鑑賞」は芸術作品などのよさを味わうこと。自然物などの美しさなどを見て楽しむことという意味の「観賞」との使い分けに注意する。(3)「緩衝」は二つの物の間に起こる対立などを和らげること。(4)「成層圏」は高さ十～五十キロメートルの間にあたる大気の層のこと。(6)文意から、正式のよそおいという意味の「正装」を選ぶ。「盛装」は華やかに着飾ったよそおいのこと。(7)「振興」は産業などを盛んにすること。新しい勢力がおこることという意味の「新興」との使い分けに注意する。(10)文意から、自由に出入りさせることという意味の「開放」を選ぶ。「解放」は制限を取り除いて自由にすること。

2 (1)「基幹」は物事の中心となること。また、「器官」と「気管」の使い分けに注意する。(2)「タイショウ」は他に、物同士が互いに釣り合いを保つという意味の「対称」がある。(3)「師事」を「私事」、「支持」を「指示」などとしないように注意する。(4)「施行」を「試行」、「志向」を「指向」などとしないように注意する。(5)「喚起」の「カン」を「換」、「キ」を「気」「記」「機」などとしないように注意する。

■**チャレンジ問題！**

同音異義語は、音を口に出しながらあてはまる熟語を思い浮かべてみるとよい。

13 同訓異字(1)

本冊14ページ

解答

1 **(1)オ** **(2)ア** **(3)ウ** **(4)ウ** **(5)イ** **(6)エ** **(7)イ** **(8)オ** **(9)ウ** **(10)ア** **(11)オ** **(12)エ**

2 (1)伏・振 (2)帯・惜 (3)駆・掛（懸） (4)澄・透 (5)込・超 (6)悔・繰 (7)研・遂

解説

1 同訓異字とは、意味は違うけれど、同じ訓を持つ言葉のこと。選択肢となっている漢字の意味を考えながら、あてはまるものを選ぶようにするとよい。(1)「避難」という熟語があるように、「避」には触れないように離れるという意味がある。(2)時間を「サク」ときは「割く」を用いる。(4)油にくぐらせて天ぷらやフライなどを調理するときには「揚げる」を用いる。(6)「挙げる」は「～を挙げて」の形で、全員がそろって何かをするときに用いる。(8)「討」はせめうつという意味がある。(9)「請」は引き受けるという意味がある。(10)文意から考えると、「必要だ」という意味を持つ「要る」となる。(11)「鋳」には金属を溶かして型に流し込むという意味がある。

2 (1)「棒に振る」はそれまで積み重ねてきたものを無駄にするという意味。(2)「帯びる」は引き受けるという意味。(3)「駆り立てる」はそうしなければならないような気持ちにさせるという意味。(4)「澄む」は濁りがなくはっきり見える、「透かす」は物を通すという意味。(5)ここでの「超える」は、自分の考え方を超越するという意味。(6)「繰る」はひと続きのものを順にめくるという意味。(7)「研ぐ」は刃物をよく切れるようにする、「遂げる」は目的を果たすという意味。

14 同訓異字(2)

本冊15ページ

解答

1 **(1)イ** **(2)ウ** **(3)ウ** **(4)ア** **(5)エ** **(6)イ** **(7)エ** **(8)ア** **(9)ア** **(10)イ**

2 (1)敗・破 (2)変・換 (3)押・推 (4)冒・侵 (5)就・突

■**チャレンジ問題！**

①次 ②継 ③告

解説

1 (1)熱心なという意味なので、「熱い」とする。(2)あつみがあるという意味なので、「厚い」とする。(3)結果として手に入れるという意味なので、「収める」とする。(4)納品するという意味なので、「納める」とする。(5)謀略をめぐらすという意味なので、「謀る」とする。(6)諮問する（有識者や専門機関に意見を求める）という意味なので、「諮る」とする。(7)閉店するという意味なので、「閉める」とする。(8)固く結ぶという意味なので、「締める」とする。(9)その人のところという意味なので、「下」とする。(10)基礎という意味なので、「基」とする。

2 (1)敗北するという意味と、破壊するという意味から考える。(2)変更するという意味と、交換するという意味から考える。(3)「念を押す」は慣用的な表現。「～を推す」は推薦するという意味。(4)あえて冒険するという意味、もう一方は侵略するという意味から考える。(5)就職するという意味と、鋭く突撃するという意味から考える。

■**チャレンジ問題！**

文意を読み取って、あてはまる漢字を考える。①は社長の次の地位という意味なので、「次ぐ」。②は継承するという意味なので、「継ぐ」。③は伝えるという意味なので、「告げる」。

15 類義語(1)

本冊16ページ

解答

1 (1)同 (2)将 (3)特 (4)図 (5)心 (6)沈 (7)許 (8)視
(9)発 (10)了 (11)富 (12)空

2 (1)独 (2)誠 (3)早 (4)善 (5)御 (6)念 (7)潮 (8)辺
(9)略 (10)苦 (11)図 (12)激

解説 1 □の中の漢字は一度しか使えないので、使ったら一つずつチェックをつけていくとよい。(1)「賛成」するは、「同意」すると言い換えることができる。(3)「格別」は普通の場合とは程度が違う様子。(4)「指揮」は「シキ」、「指図」は「サシズ」と読むことに注意する。(5)「胸中」は心に思っていること。(6)「沈着」は落ち着いていて動じない様子。類義語を組み合わせた「冷静沈着」という四字熟語もある。(7)「承認」は相手の言い分を認めること。(8)「黙殺」は取り合わずに無視すること。(9)「露見」は隠していたことが表に出ること。(11)「潤沢」は物が豊富にある様子。(12)「虚構」は事実でないことを本当のように作ること。「架空」は実在しないということ。

2 思い浮かびづらいものは、一つずつ言葉をあてはめて、考えてみるとよい。(1)「自立」も「独立」も、他人の援助を受けずに自分の意志で行動することという意味。(3)「至急」は非常に急ぐこと。(6)「専念」は一つのことに熱心になること。(7)「風潮」は世間一般の成り行き。(8)「辺境」は中央から遠く離れた地域。(9)「大要」も「概略」も、大体のあらましという意味。(10)「辛酸」は、「辛酸をなめる」(つらく苦しい思いをする)という表現でよく使われる。(11)「魂胆」は心の中に持っている策略。(12)「鼓舞」は、鼓を打ち、舞いを舞うことから、励まして勢いづけること。

16 類義語(2)

本冊17ページ

解答

1 (1)肝 (2)重 (3)示 (4)柄 (5)害(止) (6)降 (7)占
(8)誉 (9)解 (10)弁 (11)足 (12)借 (13)尊 (14)息

2 (1)任務 (2)立派 (3)容易 (4)対等 (5)分別 (6)我慢
(7)節約 (8)形見 (9)手段 (10)失望 (11)重荷 (12)薄情

■**チャレンジ問題!**

例 熟語…警戒　類義語…用心・注意　など
熟語…警護　類義語…護衛　など

解説 1 (1)「重要」も「肝心」も、特に大切なことという意味。(3)「陳列」は見せるために物を並べること。(4)「功績」は成し遂げた成果。(5)「阻害」は妨げること。(6)「屈服」は相手に負けて服従すること。(13)「高慢」も「尊大」も、他人に偉そうな態度を取ることという意味。(14)「消息」は状況を手紙などで知らせること。

2 類義語は一つではない場合もある。ここには、比較的出題されやすいものを集めている。(4)「互角」は優劣の差がない様子。他に、「同等」「同格」なども類義語にあたる。(5)「思慮」は注意深く慎重に考えること。類義語には、他に「深慮」「熟考」などもある。(6)「辛抱」の類義語には、他に「忍耐」などもある。(9)「方法」の類義語には、他に「方策」などもある。(10)「落胆」は期待に反してがっかりすること。(12)「冷淡」は不親切で思いやりがない様子。

■**チャレンジ問題!**

「警」という漢字を使った熟語をいろいろ考えてみよう。他に、「警告—忠告」などの例もある。

17 対義語(1)

本冊18ページ

解答

1 (1)答 (2)退 (3)保 (4)革 (5)華 (6)緩 (7)乏 (8)添
(9)野 (10)腐 (11)違 (12)沈

2 (1)善 (2)縮 (3)単 (4)朗 (5)凶 (6)損 (7)怠 (8)抑
(9)率 (10)滅 (11)隔 (12)慢

解説 **1** □の中の漢字は一度しか使えないので、使ったら一つずつチェックをつけていくとよい。(1)「質疑応答」という四字熟語もある。(2)「増」と「減」、「進」と「退」のように、それぞれ対になる漢字同士が組み合わさる形の対義語もある。(4)「踏襲」は先人のやり方をそのまま受け継ぐこと。(5)「華美」は派手で美しい様子。(6)「敏速」は反応などがすばやい様子。(8)「添加」は別の物を付け加えること。(9)「粗野」は言動などが下品で洗練されていない様子。(10)「陳腐」は古くさくありふれている様子。(11)「遵守」は法律などを守り従うこと。(12)「隆起」は陸地などが高く盛り上がること。

2 思い浮かびづらいものは、一つずつ音をあてはめて考えてみるとよい。(1)「悪意」と「善意」のように、「悪」と「善」が対になり、同じ「意」という語と組み合わさる形の対義語もある。(2)「拡」と「縮」、「大」と「小」というそれぞれ対になる漢字同士が組み合わさった形の対義語。(4)「朗報」はよい知らせ。(5)「凶作」は農作物のでき具合が非常に悪いこと。(7)「勤勉」は懸命に励む様子、「怠慢」はするべきことをなまけてしない様子。(9)「軽率」は物事をよく考えずに行う様子。(11)「遠隔」は遠く離れていること。(12)「人より劣っていると謙遜する」という意味の対義語なので、「自慢」となる。また、「尊大」も対義語にあたる。

18 対義語(2)

本冊19ページ

解答

1 (1)温 (2)密 (3)平 (4)経 (5)冷 (6)滞 (7)冷
(8)死 (9)解 (10)模 (11)非（批） (12)冒 (13)裂 (14)降

2 (1)供給 (2)短縮 (3)義務 (4)人工 (5)消費 (6)敗北
(7)必然 (8)起床 (9)倹約（節約） (10)抽象 (11)極楽（天国）
(12)詳細

■**チャレンジ問題！**

例 熟語…安全　対義語…危険
熟語…安易　対義語…至難・困難　など

解説 **1** (2)「点在」はあちこちに散らばって存在することという意味なので、対義語は「密集」となる。(6)「進展」は物事が進行して発展すること。「停滞」を「停帯」などとしないように注意する。(9)「行動の自由を奪うこと」という意味の対義語なので、「解放」となる。「開放」などとしないように注意する。(10)「創造」は新しいものを初めてつくり出すという意味なので、他のものをまねるという意味の「模倣」が対義語となる。(12)「冒頭」は物事の初めの部分。

2 対義語も、類義語ほどではないが、多数存在する場合がある。ここには、比較的出題されやすいものを集めている。(3)「権利」は自分の意志によって自由に行える資格や能力という意味なので、人が立場に応じてしなければならない務めという意味の「義務」が対義語となる。(6)「勝負」などとしないように注意する。(12)「おおよその内容」という意味の対義語は、「細部までくわしいこと」という意味の「詳細」となる。

■**チャレンジ問題！**

「安」という漢字を使った熟語をいろいろ考えてみよう。他に「安心—不安」「安価—高価」などの例もある。

19 四字熟語(1)

本冊20ページ

解答

1 (1)エ (2)ア (3)オ (4)ウ

2 (1)断 (2)進 (3)耕 (4)根 (5)攻 (6)貫

3 (1)同体 (2)起承 (3)深長 (4)転倒 (5)知新 (6)止水

4 (1)いちじつせんしゅう（いちにちせんしゅう）

(2)じゅんぷうまんぱん (3)どうしょういむ

(4)うんさんむしょう (5)だんろんふうはつ

(6)じぼうじき (7)せんぺんばんか

(8)めんじゅうふくはい

解説 **1** それぞれ、次のように読む。(1)びじれいく、(2)てんいむほう、(3)こうへいむし、(4)そっせんすいはん。

2 (1)「優柔不断」（ゆうじゅうふだん）は決断力に乏しい様子。(3)「晴耕雨読」（せいこううどく）は悠々自適の生活を送ること。(4)「事実無根」（じじつむこん）は根拠となる事実がないこと。(5)「難攻不落」（なんこうふらく）は攻めるのが困難で簡単に陥落しないこと。(6)「首尾一貫」（しゅびいっかん）は方針などが初めから終わりまで変わらないこと。

3 (1)「一心同体」は複数の人が心を一つにして行動すること。(3)「意味深長」は奥深い意味を持っていること。(4)「本末転倒」は根本的なこととささいなことを取り違えること。(5)「温故知新」は昔の事柄や歴史を学ぶことで新たな考えや知識を得ること。(6)「明鏡止水」は心にやましいことがなく澄み切っていること。

4 それぞれ、読み方に注意すること。(1)「一日千秋」は待ち望む気持ちが非常に強いこと。(2)「順風満帆」はすべてが順調に進行すること。(3)「同床異夢」は行動を共にしながら考えが違うこと。(4)「雲散霧消」は跡形もなく消えてしまうこと。(6)「自暴自棄」は将来の希望を捨て投げやりになること。(7)「千変万化」はさまざまに変化していくこと。「変」と「万」の読み方を誤らないように注意。

20 四字熟語(2)

本冊21ページ

解答

1 (1)ウ (2)カ (3)エ (4)イ

2 (1)心機 (2)一髪 (3)異口 (4)単刀 (5)臨機 (6)旧態

3 (1)エ・ごんごどうだん (2)ア・じゅくりょだんこう

(3)オ・とういそくみょう (4)イ・がでんいんすい

■**チャレンジ問題！**

例 クラスメートに悪口を言われているのではないかと疑心暗鬼になる。

解説 **1** (2)**カ**は「せいさつよだつ」、(4)**イ**は「だいどうしょうい」と読む。

2 (1)「心機」は心の動きのこと。「心」を「新」、「機」を「気」などとしないように注意する。(2)「危機一髪」は髪の毛一本ほどの際どさで危機に陥りそうな瀬戸際のこと。「一髪」を「一発」などとしないように注意する。(3)「異口同音」は多くの人が口をそろえて同じように言うこと。「異口」を「異句」などとしないように注意する。(4)「単刀直入」は一人で刀を持って切り込む意味から、遠回しにせずにすぐ本題に入ること。「単」を「短」、「刀」を「当」などとしないように注意する。(5)「臨機応変」は状況の変化に応じて適切な行動を取ること。「臨機」を「臨期」などとしないように注意する。(6)「旧態依然」は昔のままで進歩や変化がない様子。「旧態」を「旧体」などとしないように注意する。

3 (1)「言語道断」を「げんごどうだん」と読まないように注意する。(3)「当意」はその場に応じて適切な対応をすること。(4)「我田引水」は、強引に自分の田にだけ水を引き入れるということが元になった四字熟語。

■**チャレンジ問題！**

「疑心暗鬼」は何でもないことまで疑わしく思えてくること。

☑「疑心暗鬼」の意味を正しく捉えているか。

☑主語と述語がねじれていないか。

21 ことわざ・慣用句・故事成語⑴

本冊22ページ

解答

1 ⑴オ ⑵ウ ⑶イ ⑷エ

2 ⑴ウ ⑵ア ⑶エ ⑷オ

3 ⑴鳥 ⑵非 ⑶泡 ⑷汗 ⑸島 ⑹鼻 ⑺舌 ⑻機

4 ⑴鳥 ⑵水 ⑶功 ⑷石

解説

1 ことわざとは、昔から言い伝えられている教訓などを含んだ短い言葉のこと。⑴類義語に「鴨が葱を背負ってくる」などがある。⑵類義語に「猫に小判」「豚に真珠」や、四字熟語の「馬耳東風」などがある。⑶類義語に「紺屋の白袴」などがある。⑷類義語に「色気より食い気」「名を捨てて実を取る」などがある。

2 故事成語とは、主に中国の古い出来事からできた言葉のこと。問題として挙げたのは有名な故事成語ばかりなので、定着させるとよい。⑴ハマグリとシギが争っているところへ漁師がやって来て、両方とも捕らえてしまった故事による。⑵「烏合」はカラスの群れのこと。集まって騒ぐだけの軍勢をあざけった故事による。⑶宋の国の狙公（猿回し）が猿をだました故事による。⑷楚の国の項羽が敵に包囲され、絶望したときの故事による。

3 慣用句とは、二語以上が結合して、全体で一つの意味を表す言葉のこと。⑴「飛ぶ鳥を落とす勢い」は勢いが盛んな様子。⑶「泡を食う」はひどく驚き慌てること。⑸「取りつく島もない」は頼りにしてすがるところがないこと。「島」を「暇」と誤りやすいので、注意する。⑹「目から鼻へ抜ける」は賢く抜け目がないこと。⑻「機が熟す」は物事を始めるのによい時機となること。「機」を「期」や「気」などとしないように注意する。

4 ⑵「焼け石に水」はわずかな援助や努力では効果が期待できないこと。⑶「蛍雪の功」は苦労して勉学に励んだ成果のこと。⑷「他山の石」は自分にとって戒めとなる他人の誤った言動のこと。

22 ことわざ・慣用句・故事成語⑵

本冊23ページ

解答

1 ⑴キ ⑵ア ⑶ク ⑷オ ⑸イ ⑹ウ ⑺エ

2 ⑴イ ⑵ア ⑶エ

3 ⑴水心・イ ⑵情け・オ ⑶百歩・エ ⑷牛後・ア

■**チャレンジ問題！**

例 逆転を狙い、最後の攻撃を背水の陣で臨む。〈20字〉

解説

1 ことわざや故事成語には、似た意味を表す類義語が多い。⑴両方とも、どんな達人も失敗することがあるということ。⑵両方とも、わずかなものでも積もれば高大なものになるということ。⑶両方とも、欲を出して二つのことをしようとする者はどちらも失敗するということ。⑷両方とも、疑いをかけられるような行動はしない方がよいということ。同じ故事成語の中の対句である。⑸両方とも、困っているときにさらに災難が重なること。⑹両方とも、二つのものの違いが大きすぎて比較にならないこと。「猫に小判」とは意味が違うので注意する。⑺両方とも、手に入らないうちから期待してあれこれと計画を立てること。

2 ⑴「瓜の蔓に茄子はならぬ」は平凡な親から非凡な子どもは生まれないということ。⑵「急いては事を仕損じる」は急ぐとかえって失敗してしまうということ。⑶「虎穴に入らずんば虎子を得ず」は危険を避けていては大きな成功を得られないということ。

3 ⑴魚と水という近しいもの同士は関係が深いことから。⑵〝情けは人のためにならない〟という意味ではないことに注意する。⑷「鶏口」が小集団の長で、「牛後」が大集団の配下である。

■**チャレンジ問題！**

「背水の陣」は失敗すればあとがないという状況で事にあたること。

☑「背水の陣」の意味を正しく捉えているか。

☑主語と述語がねじれていないか。

23 文法⑴

本冊24ページ

解答

1 ⑴副詞　⑵連体詞　⑶形容詞　⑷助動詞

2 ⑴カ　⑵オ　⑶ア　⑷イ　⑸ウ

3 ⑴オ　⑵イ　⑶エ　⑷ウ　⑸カ

解説

1 品詞を見分けるときは、その語が活用するか、文の中でどんな役割をしているか（主語か、修飾語か、接続語かなど）といったことを中心に見ると、わかりやすい。「修飾」とは、説明するということ。⑴活用しない語であり、「（物音が）した」を修飾しているので、副詞。⑵活用しない語であり、「物音」を修飾しているので、連体詞。「〜な」という形を取る形容動詞と混同しやすいが、例えば「正直な」という形容動詞が「正直だ」と活用するのに対して、「大きだ」とはならないことから見分ける。⑶活用する語であり、終止形が「明るい」となるので、形容詞。⑷付属語であり、「かけてあって」などと活用する語であるので、助動詞。

2 状態の副詞が「しばらく」「ゆっくりと」のように動作・作用の状態を表し、程度の副詞が「とても」「少し」のように物事の状態・性質の程度を表すのに対して、呼応の副詞は、下に受ける語に決まった言い回しを要求する副詞である。⑴「どうして」は、「〜か」などの語と呼応する。⑵「おそらく」は、「〜だろう」などの語と呼応する。⑶「まるで」は、「〜のようだ」などの語と呼応する。⑷「たとえ」は、「〜としても」などの語と呼応する。⑸「決して」は、「〜ない」などの語と呼応する。

3 接続詞の識別には、つながれている文や言葉の関係を見極める。⑴下の文が話題を転換しているので、転換の「ところで」。⑵下の文が上の文から予想される結果を打ち消す内容となっているので、逆接の「しかし」。⑶上下の文のどちらかを選ぶ内容になっているので、対比・選択の「それとも」。⑷下の文が上の文の内容を受けているので、順接の「だから」。⑸下の文が上の文の内容を説明しているので、説明・補足の「なぜなら」。

24 文法⑵

本冊25ページ

解答

1 昨日は学校で大勢の見学者がやってきた。・に

2 ⑴白いバラと、カーネーションの花束を作った。
⑵例 先生と相談したことを弟が母に伝えた。
（別例）先生と相談したことを母に弟が伝えた。

3 ⑴例 母の趣味は、毎週日曜日にテニスをすることです。
⑵例 私はこの作品を読んで、主人公の考え方に個性があることが印象に残りました。

■チャレンジ問題！

例 音楽室は二階で、この職員室の真上にあたる場所にあります。〈28字〉

解説

1 助詞の使い方を誤ると、文の意味が通りづらくなる。この文の「学校」は行き着く先（帰着点）を表すため、「に」を使うのが適切である。

2 ⑴元の文では、「白い」のはバラだけなのか、バラとカーネーションなのかがはっきりしていない状態である。「バラと」の下に読点を打って、指示に沿った内容とする。⑵「弟が先生と相談したこと」を話し手、または弟が母に伝えたのか、話し手が「先生と相談したこと」を弟が母に伝えたのかがはっきりしない。「弟が」の語順を入れ換えて、指示に沿った内容とする。

3 ⑴「〜は」が主語の場合は、述語は「〜です（だ）」という形が適切。⑵「印象に残りました」に対応するには、主語をどのような形にすればよいかを考える。

■チャレンジ問題！

音楽室と職員室との位置関係と、どの地点で説明するのかを考えて文を作る。

☑ 音楽室の位置を正しく伝えているか。

☑ 主語と述語の対応などの文の構成は適切か。

25 敬語(1)

本冊26ページ

解答

1 (1)**イ** (2)**ウ** (3)**ア**

2 (1)**お入りになる（入られる）** (2)**お持ちします** (3)**ご案内する**
(4)**学校です（学校でございます）**

3 (1)**イ** (2)**ア** (3)**イ** (4)**ア**

解説 **1** 敬語の種類を見分ける際は、主語が誰か、どのような敬意が表されているかを見極めることが大切。(1)主語は話し手で、「先生」に対してへりくだる表現をしているので、謙譲語。(2)主語は話し手で、「皆さん」に対して丁寧な表現をしている。また、尊敬語の表現ではないので、丁寧語。(3)主語は「(地域の)お年寄り」で、その行動を直接的に高める表現をしているので、尊敬語。

2 それぞれ、基本形を使って表現する。(1)「お〜になる」か「〜れる・られる」を使う。(2)「お〜する」を使う。なお、——線が「〜ます」という敬体（＝丁寧語）なので、解答の語末も敬体とする。(3)「ご〜する」を使う。(4)「〜です」を使う。

3 ここでも、文の主語を見極めることが正答を導くポイントとなる。(1)「お客様」「先生」などの敬意を表すべき人物が出てくるが、あくまでも「知らせた」の主語は話し手である。知らせる相手である「先生」に対して、へりくだる表現が必要となるため、謙譲語の「お知らせした」を使う。**ア**は尊敬語。(2)「待って」の主語は校長先生であるため、尊敬語の「お待ちになって」となる。**イ**は、謙譲語。(3)「説明する」の主語は話し手であるため、謙譲語の「ご説明する」となる。**ア**は尊敬語。(4)「訪問する」の主語は「(企業の)人事担当者」であるため、尊敬語の「ご訪問になる」となる。**イ**は謙譲語。

26 敬語(2)

本冊27ページ

解答

1 (1)**拝見する** (2)**存じ上げ** (3)**○**

2 (1)**拝聴したい（お聞きしたい）** (2)**くださって**
(3)**申した（申し上げた）** (4)**なさいますか（されますか）**

■**チャレンジ問題！**

例 皆様、拙宅にいらっしゃって、夕食を召し上がってください。〈28字〉

解説 **1** 尊敬語と謙譲語には、基本形以外に特別な言い方がある。そして、特別な言い方があるものは、そちらを使うことが多いので、よく出るものを中心に覚えておくことが大切である。(1)「見る」の尊敬語である「ご覧になる」の主語を考えると、話し手となる。話し手に尊敬語を使うのは誤りなので、謙譲語の表現とする。(2)「知る」の尊敬語である「ご存知あり（ません）」の主語は、「私」。話し手に尊敬語を使うのは誤りなので、謙譲語の表現とする。(3)「行く」の謙譲語である「うかがい（ます）」の主語は、話し手。よって、この表現は正しい。

2 (1)「聞きたい」の主語は話し手なので、謙譲語の表現にする。(2)「くれて」の主語は聞き手なので、尊敬語の表現にする。(3)「言った」の主語は「祖母」で、話し手の身内にあたるので、謙譲語の表現とする。(4)「しますか」の主語は「お客様」なので、尊敬語の表現にする。「する」の敬語表現は誤りやすく、また頻出であるため、注意する。

■**チャレンジ問題！**

話しかけている相手「皆様」が主語なので、「参る」という謙譲語を使うのは誤り。同様に、相手に「いただく」という謙譲語を使うのは誤り。「食べる」の敬語表現も混同しやすく、頻出である。「拙宅」とは、「自宅」の謙譲語。

☑ 各動詞の主語を正しく捉えているか。
☑ 正しい敬語に修正しているか。

27 言葉の意味⑴

本冊28ページ

解答

1 ⑴ウ ⑵ク ⑶イ ⑷オ

2 ⑴ウ ⑵オ ⑶ア ⑷カ ⑸エ

3 ⑴エ ⑵ア ⑶カ

解説 **1** それぞれ難しい漢字も使われているが、新聞などを始めとして、比較的さまざまな場面で目や耳にする言葉である。意味を知っているものは、実際に使ってみて、言葉を自分のものにしていくとよい。⑴「真摯（しんし）な姿」などのように使われる。「まじめ」「ひたむき」などが類義語となる。⑵「競争心をあおる」などのように使われる。⑶「プロの演技は圧巻だった」などのように使われる。⑷「全体像を俯瞰（ふかん）する」などのように使われる。

2 ⑴「概」には「おしなべて」という意味があり、「一概に」はおしなべて同一に扱う様子を表す言葉となる。⑵類義語に「自負」「プライド」などがある。⑶「汎用性（はんようせい）が高い」などの使われ方も多い。対義語に「専門性」がある。⑷「端」には「正に」、「的」には要点を突くという意味があり、「端的」は正しく要点を突くという意味を表す言葉となる。⑸植物の葛（かずら）や藤（ふじ）の枝がもつれ合う様子からできた言葉である。

3 カタカナで書かれる言葉は、以前は和製英語として日本語固有の意味を持つものが少なくなかったが、英語が浸透した現在は、英語を直訳した意味で使われるものも多い。挙げたもの以外にも多くのカタカナ語が使われているので、目や耳にしたものの中にわからない語があれば、英語表記とともに、辞書を引いたりインターネット上で検索したりして調べておくとよい。

28 言葉の意味⑵

本冊29ページ

解答

1 ⑴力量に対して役目が軽すぎること。

⑵誰も成し得なかったことを初めて行うこと。

⑶議論を十分にして結論の出る状態になる。

2 ⑴返上 ⑵足を踏む ⑶○ ⑷注ぐ

3 ⑴ク ⑵ア ⑶エ ⑷カ

■チャレンジ問題！

例 おざなりな勉強をしたことを反省する。〈18字〉

例 プライオリティを考えて学習計画を立てる。〈20字〉

解説 **1** それぞれ、世論調査などでは間違いを選ぶ割合の方が高いものばかりである。⑴「役不足」は、自分の力量に比べて、役の方が不足しているという意味。⑵「破天荒」は、「天荒」という未開の荒れ地から試験に合格した人物が出たことを、「天荒を破った」とたたえた故事からできた言葉。⑶正しくない方の意味は、「行き詰まる」との混同で広まったと考えられる。

2 ⑴「挽回（ばんかい）」するのは「名誉」である。⑵「二の舞」は前の人と同じこと、特に失敗のこと。⑶「熱にうなされる」と誤用されることが多い。

3 ⑴「示唆」はそれとなくほのめかすこと。⑵「割愛」は惜しいと思うものを捨てたり省略したりすること。⑶「懸案」は前から問題になっていながら解決のつかない事柄。⑷「造詣」はその分野についての深い知識や技量。「造詣が深い」という形で使われることが多い。

■チャレンジ問題！

「おざなり」は形ばかりの取り繕った行動をすること。成り行き任せで放っておくことを表す「なおざり」との違いに注意する。「プライオリティ」は優先順位。

- ✓ 各語の意味を正しく捉えているか。
- ✓ 文の意味が通っているか。

29 説明文の読解(1) 接続語・指示語・要点

本冊30・31ページ

解答

(1)ア
(2)エ
(3)基礎的な研究
(4)①例少数しか成功せず、不成功の方が圧倒的に多い研究。〈24字〉
②a…失敗
b…ヒント
(5)モノになる～的なテーマ

解説

(1) 直後の文で『役に立つ』とは……」と、ここでいう「役に立つ」ことがどういうことであるかが説明されている。ここでの「役に立つ」とは、「経済の活性化」や「金儲け」の役に立つ、という意味で使われていることを押さえる。**イ**「研究者がノーベル賞級の栄誉を得ることのできる」、**エ**「研究者がムダや無意味さを感じずに行える」のように、研究者にとっての意味をくんだものではない。また、あとで述べられている「お腹が膨れない」は、生活に必要な衣食住を得るための利益を生めない、といった意味合いなので、**ウ**も誤り。

(2) 前の文で「……人もいます。」と述べ、あとの文でも「……人もいます。」と述べていることに着目する。異なることをする人の例をいくつか挙げて対比させているので、「対比・選択」の働きをする**エ**「あるいは」があてはまる。

(3) 指示語の指し示す内容を探すときは、まず、それより前の部分に着目する。また、「それ」が物事を表す指示語であることも意識し、「応用され利益を生むもの」としてふさわしい物事を探していく。

(4)① 「そんな研究」とは、直前で説明されている「基礎研究」のことを指している。「そんな研究」の直後に「ムダで無意味」という記述があるので、そうした印象を抱かせ得る「基礎研究」の性質をまとめるようにする。傍線部を含む段落の冒頭「基礎研究とは、……」に続く説明部分から、指定語に注意して「基礎研究」の性質を捉えるようにする。

✓「そんな」の指す内容を捉えているか。
✓「成功」「不成功」の二語を使っているか。
✓二十一字以上二十五字以内で書いているか。

② 問いかけに対して、筆者は、直後の文で「そんなことはありません。」と答えを述べている。なぜ「そんな研究」は「ムダで無意味ではない」と考えているのかを、「次の世代の……」の一文から読み取り、理由につながる重要な語句を押さえる。

(5) 本文では、「研究」を「荒野に道をつけて、なんとか目的地に辿りつこうとする行為」にたとえている。研究についての実質的な説明は一つ前の段落にあるので、そこからたとえられている事柄を探す。「荒野」のようなまだ人の手が何も加わっていない状態は、「研究」で言えば、まだ何も研究されておらず、これから「テーマ」に挑戦される状態にあたる。

30 説明文の読解(2) 段落・要点・要旨

本冊32・33ページ

解答

(1) **イ**

(2) a…文字

b…おカネ

c…見知らぬ人

(3) **ア**

(4) 例 一万円札には一万円の価値がある 〈15字〉

(5) **エ**

解説 (1) 「疎」の漢字には、〝まばらである〟や〝うとい・親しくない〟の意味もあるが、ここでは「とおる」という意味で使われていることに注意する。

(2) 段落中の文で、どの文が最も重要かを見極め、その文を中心に要点をまとめていくと考える。ここでは、後半の「昔、内と外があった時代は、……奴隷とは交換をしませんでした。」の部分は、直前の「おカネも同じで、……交換ができる。」の一文の補足の説明となっているため、前半部分に着目して言葉を探す。

(3) 段落の働きを考えるときには、まず、段落の初めの接続語に着目する。4段落の初めの「では」は、話題を転換する働きの接続語であり、4段落では、前と異なる話題が述べられることが推測できる。「おカネとコトバ、法律」について、3段落ではその利点、4段落ではその問題点と、反対の事柄が述べられている。前の段落内容について**イ**「根拠」を示す、**エ**「まとめ」る働きはしていない。また、4段落に「おカネとコトバ、法律は人間に自由を与えますが」と、前の段落の内容を肯定する記述もあるので、**ウ**の「反論する」も誤り。

(4) 「そう」の指している内容が、指示語の前ではなく、あとにあることに注意する。「から」でつながれた「一万円の価値がある」がその内容である。「一万円札」は、素材で言えばただの紙なのだが、皆が「一万円」という価値があるものだと認めているから、おカネとして使えるのだということ。

☑「そう」の指す内容を捉えているか。

☑「と思っている。」に続ける形で書いているか。

☑十一字以上十五字以内で書いているか。

(5) この文章で話題となっているのは、「おカネ」「コトバ」「法律」であり、それぞれの良い面と悪い面、両方が説明されているということを押さえる。悪い面について、筆者は「さまざまな問題ももたらします」「おカネとコトバを使う社会というのは……不安定さは増します。そういう問題が実際に今、世界中で起きているのです。」と述べるにとどめていて、**ア**「使うべきではない」とまでは述べていない。また、**ウ**「保護していく必要がある」という内容、**イ**「昔の社会の方が優れている面」は述べられていない。

31 小説の読解(1) 場面・情景・心情

本冊34・35ページ

解答

(1) 今、濃い緑

(2) 例 みかん畑を作ってずっと守ってきたところ。〈20字〉

(3) ウ

(4) a…全部流されて

b…理不尽

(5) エ

解説 (1) 場面の季節を判断するときは、天候や動植物、季節の行事などの描写に着目する。この文章の場面では、みかん畑の風景が登場しており、みかんの様子が「今、濃い緑に実った果実」というように描写されている。みかんは主に秋に収穫されるので、その直前の時期であることが推測できる。

(2) 傍線部の会話文から、直後の「これだけの畑を作って……ずっと、守ってきたんだもんな」という会話文へと内容がつながっていることを読み取る。和樹は、目の前の豊かなみかん畑を見て、この畑を作り、今までこの状態を守ってきた祖父に対して、尊敬の念を込めて「凄い」と言っているのである。記述式の問題で解答をまとめるときは、「これだけの畑」のように指示語を含む言葉は具体的な言葉に直す、「どんなところ」という設問に合う文末にする、などの書き方に注意する。

☑ 和樹が「凄い」と表現している事柄を捉えているか。

☑ 「〜ところ。」という文末で書いているか。

☑ 十六字以上二十字以内で書いているか。

(3) 「燦々とふりそそぐ陽」という表現からは明るいイメージが読み取れるため、**ア**「理想通りに作れなかった」や**エ**「困難が訪れる」はあてはまらないと判断できる。また、直前の会話から風景を眺めているのが和樹であることがわかるので、**イ**も誤り。「燦々とふりそそぐ陽」や「出荷のためのトロッコの線路」は、みかん畑が豊かで、今も盛んであることを暗示する表現である。

(4) 「昭和四十七年の災害」について、祖父は「大変だった」と思いを述べている。このことがより詳しく書かれている部分がないか、本文中から探す。**a**は直後の祖父の会話文から、**b**は、最後の部分で、和樹が「災害」について「天候に打ちのめされたりする理不尽さも知っている」と独白している部分から抜き出す。

(5) 「それって凄いこと」や「じいちゃんは、何十年もここで頑張ってきた」という和樹の発言を「そうかもしれん」と肯定しながらも、「うなずくこともなく」いる祖父の様子に着目する。また、みかん畑を守ってきたことを「守ってきただけ」と表現する祖父の言い方からも、すべてに満足しているわけではない祖父の気持ちが読み取れる。

32 小説の読解⑵ 主題

本冊36・37ページ

解答

(1) 通り雨

(2) ① 例 怪我をして足が動かなくなったから。〈17字〉

② お父さんた

(3) **ア**

(4) **エ**

(5) **ウ**

解説

(1) 直後に、「ように」という直喩の表現があることに着目する。「意味もわけも知らないまま」「こちらの都合などおかまいなし」に突然やってくる出来事のことを、「通り雨」にたとえている。

(2)① 直後に「プロ選手が同じような怪我で駄目になってる」とあり、健一君も「同じような怪我で駄目」になったのだということがわかる。また、傍線部より前では、健一君が自分の足が動かない様子を語っている。二つを考え合わせて、怪我をして足が動かなくなり、サッカーができなくなったという健一君の状況を読み取ろう。

✓ 健一君が、怪我をしたことにより足を動かせなくなったという経緯を捉えているか。

✓ 十六字以上二十字以内で書いているか。

✓ 「〜から。」「〜ため。」など、理由を表す文末で書いているか。

② 健一君が、「健一君にもそういうことってあるの」という「わたし」の質問に対して、「サッカー」ができないことを話しているのを読み取る。「そういうこと」とは、前にある「意味もわけも知らないまま呑み込んできた」ことを指している。「わたし」は「お父さんたちがいなくなった」ことや「お母さんが家出した」ことを「意味もわけも知らないまま呑み込んできた」と言っている。

(3) 「……サッカーはやめちゃうんだし」でいったん言葉が切れ、その後の「でもさ、変なのな。……」という言葉が出てくるまでに間が空いたのである。前の言葉とあとの言葉の間では、健一君は何も伝えていないので、**イ**「態度で思いを伝えている」や**ウ**「まくし立てている」は誤り。「まくし立てる」とは、勢いよく言い立てること。また、間が空いたのは、**エ**「疲れて」いたからではなく「思い」について考えていたからだと想像できる。

(4) 直後に「彼の声は確かに参っていて、なのに少し笑っていた。」とあり、**イ**や**ウ**のような負の感情からだけで出た言葉ではないと読み取れる。また、周りの人々が健一君のサッカーの才能を諦めきれずにいるという状況なので、健一君が周りの人々を**ア**「尊敬」しているというのも不適切。健一君が、自分にまだ期待を持ってくれる人々にありがたさを感じながらも、サッカーを諦めざるを得ない中でかけられる期待や気遣いに対する戸惑いを抱いていることがうかがえる。

(5) 「彼の声は確かに参っていて、なのに少し笑っていた。」などから、健一君の複雑な感情が読み取れる。また、「ああ、その通りだ」（3行目）などの言葉から、「わたし」が健一君の気持ちに共感していることがうかがえるため、**ウ**が適切。**ア**「周りの人々の温かさ」がわかるほどには周りの人々について描写されていない。また、「わたし」の健一君自身に対する感情の描写もされていないので、**イ**「憧れや好意」や**エ**「心の絆」があるかどうかは、この場面からは読み取れない。

33 詩・短歌・俳句

本冊38・39ページ

解答

1 (1)**エ**

(2)①**イ**　③**エ**

(3)**ウ**

2 (1)A…**ウ**　B…**オ**

(2)や

(3)C季語…菜の花　季節…春

D季語…氷柱　季節…冬

(4)**C**

解説

1 (1)「僅（わづか）に」「ぶら下つた」など、歴史的仮名遣いで書かれてはいるが、古語の文法などに従ったものではなく、今の言葉が使われている。また、音数や行数に五七調、七五調などの決まりは見られず、自由な形で書かれている。よって、この詩は口語自由詩である。

(2)①「地平線」は鉄棒をたとえた比喩表現。「ようだ」「ごとし」などの直接たとえる言葉が使われていないので、隠喩である。直接的な言葉によってたとえられている表現技法は、直喩という。

③ 行末が「俯瞰」という名詞（体言）で終わっている。このように名詞（体言）で終わる表現を、体言止めという。倒置は、通常とは言葉の順序を逆にして印象付ける表現技法。（例：「春が好きだ。」→「好きだ、春が。」）

(3)「鉄棒」という詩の題名から、この詩が鉄棒で運動する様子を描いていることを押さえて表現を考える。直前に「僕は何処へ行く」とあり、「僕」自身も動いていることがわかるので、**ア**「動けずにいる」は誤り。「一回転して／僕が上になる」の表現からは、「僕」が鉄棒を回って元の位置に戻った様子を思い浮かべることができ、**イ**「逆さまになった」や**エ**「鉄棒を離れて」も当てはまらない。**ウ**「勢いよく鉄棒を回る」様子を、「僕」の見ている世界（景色）を描くことで表した表現である。

2 (1) 五・七・五・七・七のどの部分（句）で意味が分けられるかを考える。Aの短歌は、清水寺へ向かう祇園の道々、桜を照らす「月」を描いた前半と、その中で「逢ふ人」を描いた後半とに分けることができる。Bの短歌は、すべての句を助詞などを補ってつなぐことができるので、「句切れなし」の歌である。

(2)「切れ字」とは、俳句で意味をいったん切る部分（句切れ）に使われ、その句の感動の中心を表したり、言葉を強調したりする働きをするもの。「かな」「や」「けり」などが代表的なので、覚えておく。

(3) 俳句の内容を読み取るときは、まず季語を探し、その場面が春夏秋冬のうち、いつのことかを押さえていくのが一つの基本的な方法。

(4) 鑑賞文に「夕方のわずかな時間」とあるのに着目する。Aには「桜月夜」、Bには「月ひと夜ふた夜」、Dには「星」とあり、みな夜の場面の歌である。「夕方」といえるのは、「月」と「日」が同時に登場しているCである。また、「大きな空間」を表現しているのも、菜の花畑とそこに上る月、沈む日を描いたCであるといえる。Bでは、印象的な擬音で、月が満ちていくこととたまねぎが芽吹くことが連動しているかのように描かれ、Dでは、星の光を吸収しているような美しい「氷柱」を「われ」にくれ、と詠まれている。

★達成度確認テスト⑴　本冊40〜42ページ

解答

1 ⑴①副詞　②形容詞　③助詞
⑵**エ**

2 ⑴お弾きになる（弾かれる）
⑵ご紹介します（〔ご〕紹介いたします）

3 ⑴**エ**
⑵**ア・ウ**

4 ⑴季語…蟬　季節…夏
⑵や

5 ⑴①評価　②さいげつ
⑵3
⑶ほかのことを考えること
⑷**イ**
⑸例充分、寝させてあり、余計なものが風化して結晶になっているから〈30字〉
⑹**ウ**

解説

1 ⑴①活用がなく、「感動した」という用言（動詞）を修飾しているので副詞。②終止形に直すと「詳しい」となり、「い」で終わるので形容詞。③活用がなく、それだけでは意味をなさない付属語なので助詞。⑵前の一文の内容から自然に考えられる結果があとの文に来ているので、順接の「それで」が入る。

2 ⑴「お（ご）〜になる」、または「〜れる」の形に直す。⑵「お（ご）〜する」の形に直す。この場合、文末の「します」は「する」の丁寧語なので、そのままの形でよい。または、「する」を謙譲語の「いたす」に直す。

3 ⑴普通の文の形では、「泣けとごとくに（＝泣けというように）」→「目に見ゆ（＝目に見えた）」の語順となるため、「目に見ゆ」のあとでいったん意味が切れ、句切れとなっている。⑵「目に見ゆ／泣けとごとくに」の部分には、語順を入れ換えた「倒置」の表現技法が、「泣けとごとくに」の部分には、「ごとし」という言葉で直接たとえる「直喩」の表現技法が使われている。

4 ⑴夏の季語となる虫には他に、「蛍」や「蟻」などがある。⑵「や」の切れ字の部分が、句の感動の中心になっていることも押さえておく。

5 ⑴①「評」は同音異字の「標」や「表」などと書かないように注意する。
②「歳」には「セイ」の音読みもあるので、読み間違えないようにする。
⑵1段落では、ロストウが、関心をいだいた『経済伸長論』の問題を何十年かたってから形にした例が、3段落では、「篤学の人」が特殊問題をわき目もふらずにずっと研究し続ける例が挙げられている。

⑶直前の一文に着目。『経済伸長論』ではない「ほかのこと」に目が移っていても、『経済伸長論』について考えることを怠けていたわけではないということ。

⑷「王道を歩んでいる」とは、ここでは、最も研究者らしい方法をとっているということ。

⑸直後の二文に、「〜からだろう」「〜からである」という理由を述べる文末表現があるのに着目する。「寝させてあるから」「結晶になっているから」という二つの理由を、あとの説明部分の内容も補いながらまとめる。
☑ **理由を捉えているか。**
☑ **「〜から。」「〜ため。」など、理由を表す文末で書いているか。**
☑ **「結晶」「風化」の二語を使い、二十六字以上三十字以内で書いているか。**
⑹最後の一文に「無意識の時間を使って、考えを生み出すということに、われわれはもっと関心をいだくべき」と筆者の主張が述べられており、これに合うのは**ウ**である。本文中に「ほかのことを考えることもあった……怠けていたのではない。」とあり、「怠けている人」がよいわけではないので**ア**は誤り。**イ**「煮えるナベを見つめ」るというのは、一つのことに集中することを表すたとえであり、実際にナベを見つめるわけではないので誤り。本文中に「一夜漬のようにさっとでき上がることもあれば」とあるので、**エ**「なにごとも、一夜漬で作り上げてしまうのではなく」は誤り。

★達成度確認テスト(2)

本冊43～45ページ

解答

1 (1)例仲良くなれることです

(2)長所を・人と（に）

2 ①いらっしゃい（おいでになり／来られ）

②○

③召し上がって（食べられて／お食べになって）

3 a…ウ

b…あたたかさ

4 ア

5 (1)a…景気のいい

b…終わり

(2)ウ

(3)③いそが　④骨組

(4)イ

(5)例親しい人も自分自身も街からいなくなってしまうのがさびしい気持ち。〈32字〉

(6)イ

解説

1 (1)この文では「長所は」が主語になるので、対応する述語になるよう、文末を「～こと（ところ）です」などに直す。(2)助詞の直後の言葉に着目して、助詞の使い方を確かめる。「活かす」は前に「～を」をつけてその対象を、「接する」は前に「～と（に）」をつけてその相手を表す。

2 誰の動作なのかを整理して、尊敬語を使うか謙譲語を使うかを考える。①「参る」は「来る」の謙譲語。ここではお客様の動作なので、尊敬語に直す。②「お目にかかる」は「会う」の謙譲語。「私」の動作なので、そのままの形で正解。③「いただく」は「食べる」の謙譲語。お客様の動作なので、尊敬語に直す。

3 a「寒いね」と話しかけた作者に対して、そばにいる相手も同じく「寒いね」と返している。作者の言葉にそのとおりだと「共感」を示しているのである。b『寒いね』と話しかければ……人のいる」は、作者の体験の描写。作者の感情が表れているのは、最後の「あたたかさ」の部分である。

4 「ふゆる」は文語表現で、「増える」のこと。その場所に「とどま」っている作者と、どこからともなく現れて数多くいる蜻蛉（とんぼ）の情景が想像できる。

5 (1) 本文で中心的に描かれているのは、「元気がなくなって」「景気のいい工事」もない「玉川（たまがわ）ニュータウン」の寂れた様子。前半で「親父（おやじ）」が懐かしんでいる昔の「玉川ニュータウン」の様子と比較して場面を押さえる。

(2) 直前の「いまから街をつくっていくんだぞ」という「親父」の言葉も、意味を捉える手がかりになる。

(3)③送り仮名が「がしい」ではなく「しい」であることも覚えておく。

(4) 直前の「待ちわびるような」に合う擬態語は、うれしさや期待で心が落ち着かない様子を表す**イ**「ワクワク」。**ア**「ヘラヘラ」は軽い感じやあいまいな感じで笑う様子、**ウ**「モジモジ」は遠慮や恥ずかしさでしたいことをできずにいる様子、**エ**「ハラハラ」は成り行きを心配する様子を表す言葉。

(5) 「そう」は、直前の「みんな、いなくなる。」「僕だって、いつかはこの街を出る。」という「僕」の心の声を指している。このような「いつか」を脇によけておくことができなくなった「僕」の気持ちを考える。

✓「僕」の状況と気持ちを捉えているか。
✓主述のねじれなく書いているか。
✓「親しい人」「街」の二語を使っているか。
✓三十一字以上三十五字以内で書いているか。

(6) 「上り坂」を上るために、「力を込めて」いるという描写だが、同時に直後の「このまま『終わり』ってのはヤだよなあ」という「僕」の気持ちともつながる表現であり、**イ**が適切。**ア**「諦めてしまう」、**ウ**「復活してにぎやかになっていく街の未来」、**エ**「活躍する人物になる」といった「僕」の先の行動や街の未来までは、本文からは読み取れない。

★達成度確認テスト(3)

本冊46～48ページ

解答

1 (1)エ　(2)ウ　(3)①例つよくもすばらしくもない〈12字〉
②イ

2 (1)①破　④ゆる　(2)ア　(3)a調律の基本
b果てしなく遠かった
(4)例失敗しても、そこを始まりにして歩いていけばいいと励ました
い〈29字〉
(5)エ

解説 **1** (1)現代の言葉で書かれ、音数や行数に決まりは見られないので、口語自由詩である。

(2)『ぼく』は主語です／『つよい』は述語です」、「ぼくは　つよい／ぼくは　すばらしい」のような同じ構成の表現を繰り返すのは、「対句」の表現技法である。

(3)①　詩の第一連の内容に着目する。「ぼくは　つよい／ぼくは　すばらしい」のあとの「そうじゃないからつらい」から、「ぼく」が現実の自分を「つよい」「すばらしい」存在ではないと捉えていることがわかる。

②　第二連の内容から考える。「ぼく」は「そのひと」のことを「好き」だが、「ぼく」と「そのひと」は「そのひとの名は／言えない」ような関係にある。誰かに「そのひと」のことを話したり、「そのひと」と直接親しくしたりできるような関係ではない、ということを押さえる。

2 (1)①　同訓の「敗(やぶ)(れる)」などと漢字を混同しないように注意する。

(2)「脳裏」は「頭の中・心の中」という意味。また、ここでの「掠(かす)める」は「一時現れてすぐ消える」という意味で使われている。

(3)　これより前の部分から理由を読み取る。「僕」は、自分の調律の失敗について思い返し、「調律の基本」である「半年間は先輩について見て覚える」という決まりを守れなかったことを、「オルフェウスの神話」にたとえて考えている。決まりを破って亡(な)き妻を取り戻せなかったオルフェウスのように、自分も基本を破ったことで調律師になれないのではないかと心配している。

(4)　最後の段落で、「僕」が板鳥(いたどり)さんの「お祝い」の意図を推測しているので、その部分を中心にまとめる。「お祝い」は、よい出来事が起こったときにするものなので、一見、「僕」の失敗をお祝いするのはひどいことのようだが、失敗を「ここから始まる」未来へと結びつけた板鳥さんなりの励ましの言葉なのである。

✓「僕」の状況と板鳥さんの思いを捉えているか。
✓「という思い。」に続く形で書いているか。
✓「失敗」の言葉を使い、二十六字以上三十字以内で書いているか。

(5)　初めは「これからもずっと近づくことはできないのかもしれない」と、調律師の道に対して悲観的だった「僕」だが、あとでは「それでも引き返すつもりはないのだ」という自分の気持ちに気づいているため、**ア**「調律師の夢を諦めそうになっている」、**ウ**「将来、自分がどうすればいいかわからない」は誤り。また、「僕」は自分の失敗について「調律の基本さえできなかった」「(決まりを)勝手に破ったのは自分だ」などと反省しているため、**イ**「間違っていても自分のやり方を曲げない」も誤り。この場面では、「僕」の調律師になる道を進む決意と、その僕を「お祝いです」などの独特だが温かな言葉で励ます板鳥さんの様子が描かれている。

23(02)